U0655150

咬文嚼字文库

咬文嚼字一百问

《咬文嚼字》编辑部——编

上海咬文嚼字文化传播有限公司
上海文化出版社

图书在版编目（CIP）数据

咬文嚼字二百问 / 《咬文嚼字》编辑部编 . -- 上海 : 上海文化出版社 , 2019.7（2020.8 重印）
ISBN 978-7-5535-1613-4

Ⅰ . ①咬… Ⅱ . ①咬… Ⅲ . ①汉语－语法分析－问题解答 Ⅳ . ① H14-44

中国版本图书馆 CIP 数据核字 (2019) 第 110650 号

咬文嚼字二百问
《咬文嚼字》编辑部 编

责任编辑：蒋逸征
装帧设计：王怡君

出　版：上海文化出版社　上海咬文嚼字文化传播有限公司
地　址：上海绍兴路 7 号 2 楼
邮　编：200020
发　行：上海文艺出版社发行中心发行　上海市绍兴路 50 号
印　刷：三河市兴国印务有限公司
规　格：890×1240 1/32
印　张：6.75
版　次：2019 年 7 月第 1 版　2020 年 8 月第 5 次印刷
书　号：ISBN 978-7-5535-1613-4/H.030
定　价：32.00 元

前　言

到底是“曝料”还是“爆料”？“倍”和“备”怎么区分?“乡音无改鬓毛衰”的“衰”如何读?……几乎每天都会有读者打来电话，询问这样那样的语言文字问题，期待得到简洁明了的解答。

2002年1月，《咬文嚼字》开通了一条电话热线，接受读者咨询。本来，这条电话热线定于每周一下午服务大众，但渐渐地就成了一周五天工作日，时时在线为读者答疑解惑。2005年1月起，编辑部在《咬文嚼字》杂志上开辟了《热线电话》栏目，选择热线中的某些话题在刊物上公开作答。回答问题的是“姚博士”，“姚博士”不是某个人的名字，而是一个集体笔名。

这个不定期的小栏目，一开就是十几年，获得了来自天南地北的广大读者的支持与鼓励。多年来，这条热线成了杂志联系读者的感情线，了解社会语文生活的信息线，同时也是探讨语文理论的学术线。

现在，我们撷取《热线电话》栏目里的两百个问题编辑成书，分为解字析字篇、辨词说词篇、文史知识篇、探名溯源篇、读音小解篇、流行词苑篇、释疑解惑篇等七个部分。这些问题全部出自读者朋友在实际语言运用中的所疑所惑。针对每一个问题的回答，保持了《咬文嚼字》的一贯特点，着力关键处，要言不烦，通俗易懂，避免枯燥乏味。

在此书出版之际, 我们感谢每一位打来电话的读者, 感谢每一位认真提出问题的朋友, 并希望在今后的日子里, 继续拨打我们的热线电话: 021-64330669。

目　录

解字析字篇

辨词说词篇

■ 文史知识篇

探名溯源篇

读音小解篇

■ 流行词苑篇

释疑解惑篇

“渡过难关”用“度”行吗?

问:“渡”是一个形声字。在汉字中,凡有“三点水”的,都应与水有关。“难关”的“关”是建在地面上的,我觉得应该用“度”。你们同意吗?

——上海《家庭教育时报》社 杨方方

答:你的意见是有道理的。“度、渡”是古今字,先有“度”,后有“渡”。在“渡”之前,凡是表示“过”的意思,一概用“度”;“渡”出现后,“度”的任务有所分化,其中“济”即渡水这一义项,由“渡”承担。但在实际使用中,分工并不严密,“度”仍可用于渡水,如《汉书·贾谊传》:“犹度江河亡维楫”;“渡”则不限于渡水,如《史记·高祖本纪》:“淮阴已受命东,未渡平原。”

在现代汉语中,“度、渡”逐渐形成的分工是:“度”的对象是时间,如度日、度假、光阴虚度;“渡”的对象是空间,如渡河、渡江、渡过难关。有一个简单的区分方法,“度”是自然而然的,非度不可的,比如你不想度周末也得度周末;而“渡”则须通过主观努力,没有船就不能渡河,不是群策群力,“难关”也是渡不过去的。

“春焐秋冻”还是“春捂秋冻”?

问:“春wu秋冻”说的是,春天时衣服要慢点减,秋天时衣服慢点加。这是一种养生方法。我想问的是：是“春焐”还是“春捂”？

——江苏南京　小胡

答：应该是“春捂”。捂，读作wǔ，意思为遮盖住或封闭起来。春捂，就是说，春天刚来临的时候，地气尚寒，不要急着减衣服，以防受寒。“春捂”不可写作“春焐”。焐，读作wù，意思是用热的东西接触凉的东西，使变暖。比如“焐酒”“用热水袋焐焐手”。从来没有“春焐”这一说法。

“扣扳机”？“抠扳机”？

问：我是一名射击教练员，想请教射击时用食指扳动扳机使枪击发的动作称为“扣扳机”还是“抠扳机”？

——上海　傅继亭

答：正确的表述应是“扣扳机”。“扣”“抠”虽发音相近，但字义完全不同。扣（kòu），是一个勾动、扳动的动作。“扳机”，也叫“枪机”，是枪上的机件，射击时用手指扳动它枪弹便会射出。刘白羽《战斗的幸福》：“我又修了新的战斗台，我继续一枪一枪地扣。”可见，即使“扳机”二字不出现，开枪这个动作也可以用“扣”来形容，“扣扳机”是固定搭配。抠（kōu），用手指或尖细的东西从里面往外挖，是针对某个局部的凹陷使巧力挖出某物，如“抠耳朵”“抠出门缝里的铜钱”。“扳机”不需要“挖”而是需要“向后扳动”，所以“扣扳机”是正确表述。

“炼”和“练”的区别是什么?

问：市场上销售的植物油，有的标注为“精练植物油”，有的标注为“精炼植物油”。请问哪一种说法准确?

——北京　王尔明

答：“精炼植物油”是比较准确的说法。

“精炼”，本指提取精华或去除杂质，使之纯净，如“精炼原油”“精炼黄金”等；引申作形容词用，指简练，如“鲁迅的散文精炼优美”。商品标注“精炼植物油”，意谓本产品是提取植物精华炼制而成的油脂，其食用价值高于普通的植物油。

“精练”，作形容词用，多指文章或者讲话十分扼要，没有多余的词句，如“这篇报告很精练”。“精练”还有一个冷僻的义项——指一种纺织工艺，即在印染加工中，去除纺织材料里的天然杂质，以提高其吸水性。可见，“精练”不能表达萃取精华这一层意思。“精练植物油”，字面上只能理解为是去除了杂质的植物油，这与商家的本意显然是不一致的。常识告诉我们，不含有杂质是对植物油的基本要求。没有商家会把这作为商品的卖点的吧。

“携”和“偕”的区别是什么?

问：报刊上常读到某某董事长或老总“携”或“偕”全体员工向读者致以节日问候的广告。请问到底用“携”还是用“偕”呢?

——辽宁沈阳　戚晓

答：“携”，义为“携带”“牵引”，对象可以是物，如“携款潜逃”；也可以是人，如“携眷”“扶老携幼”。“携”用于人的时候，多指主人带着家眷随从，长辈带领晚辈。如“提携”，专指上级对下级、前辈对后生的引导和扶植。偕：一同；共同。“偕同”，表示跟别人一起（到某处去或做某事）；“偕老”，共同生活到老；“偕行”，相伴出发；“偕作”，共同行动。上述新闻中，“携”强调主从关系，而“偕”则传达出上下级之间平等融洽、亲密无间的工作气氛。虽然两个字逻辑上都说得通，但就感情色彩而言，“偕”更能体现当今和谐社会的语言要求。

“仔”和“崽”的区别是什么?

问：查阅一些辞书，对“仔”字的解释均为“同‘崽’”。“仔”和“崽”到底有没有区别?

——云南　和仕章

答：“仔”和“崽”是一组方言味较浓的通用字，但在语用上有不少差别。“仔”除了在某些地区特指“儿子”之外，多为一种类似“家伙、小子”的实义不强的后缀；而“崽”因可指幼小的动物，在特定语境中可带有侮辱、鄙夷的意味，如“狗崽子”“狼崽子”等。

此外，“仔”还有两个义项是“崽”不具备的：其一，“仔”可指具有某一特征或从事某种职业的男青年，如“肥仔”“打工仔”；其二，“仔”可特指细小物品，如今大小餐馆菜单上都有的“煲仔”“锅仔”，即小煲、小火锅是也。

电风扇调“挡”还是“档”？

问：调节电风扇的风力大小，是说调“档”还是调“挡”呢？

——湖北黄石　赵一意

答：调节风力大小，应该是调“挡”。“挡”(dǎng) 的一个义项是排挡的简称，即汽车、拖拉机等用来改变牵引力的装置，用于改变行车速度或倒车。也指某些仪器和测量装置用来表示光、电、热等量的等级。可以说，凡是涉及机械运转速度大小的，都用“挡”。电风扇一般都设有几个调速挡次，挡号不同，风力大小就不一样。一般是低挡的风力小，高挡的风力大。“档”(dàng)，本指带有格子的架子或橱，引申指产品、商品的等级，如“高档货”；也指货摊、摊子，如“鱼档”“排档”(设在路旁、广场上的售货处)。“档”与“挡”不一样。

“计2分”还是“记2分”？

问：2008年第8期《咬文嚼字》的“封面聚焦”，议论的是一条有歧义的宣传标语：“车辆超员不足20%，罚款500元，计2分”。请问其中的“计2分”是否应改作“记2分”？

——北京　钟任

答：不必改。“计”是计算，“记”是记录。在谈论道路交通安全违法行为记分分值时，“计2分”就是对违法行为以2分计算，“记2分”就是对违法行为记录下2分，表达的意思是一致的。虽然2007年4月1日起施行的《机动车驾驶证申领和使用规定》第四章“记分和审验”所列的有关条款中，使用的都是“记分”（比如“依据道路交通安全违法行为的严重程度，一次记分的分值为：12分、6分、3分、2分、1分五种”等），但是本刊所议论的标语“车辆超员不足20%，罚款500元，计2分”，并非是对相关法规条文的直接引用，而是一种转述（它所犯的歧义毛病，也正是转述不当造成的），因而只要在表意上忠实于《机动车驾驶证申领和使用规定》的有关条款就可以了，文字上不必完全一致。

“放手一搏”还是“放手一博”？

问：我是一名老校对，最近在读校样时，遇到了一个困惑：“发展经济，改革开放，就是需要放手一bó的勇气。”是“放手一搏”还是“放手一博”？

——北京　潘森林

答：倾向于用“放手一搏”。搏，左边是“扌”，表示的是身体的一种活动，即相互对打，如“肉搏”“拼搏”。“搏”本是指双方身体的争斗、扭打，可以比喻奋力斗争和冲击。“放手一搏”就是解除顾虑和限制而大胆地搏击，表现的正是一种勇气与决心。博，本指古代的一种棋戏，后来泛指赌博。“博”主要是运筹、运气等的比拼。

“后备箱”还是“后备厢”？

问：某报有一条新闻，说的是汽车坠入水中后的逃生办法。其标题中有“落水后能通过后备箱逃生”字样。请问汽车“后备箱”要改成“后备厢”吗？

——福建福州　史一闻

答：汽车“后备箱”和“后备厢”两种说法都有，首选“后备厢”。“厢”是形声字。从广（yǎn），相声。从广，字义多与房屋有关。“厢”的本义就是东西廊；引申指厢房；通过比喻进一步引申，可指类似房子间隔的地方。汽车里容纳人或货的地方，叫“车厢”。《现代汉语词典》举的例子中就有“车厢”“包厢”。后备厢（行李舱）是汽车整个车厢空间的一个组成部分，位于汽车的后部，预备存放东西之用。“箱”是收藏器具，通常是上面有盖扣住：如衣箱、书箱、药箱等，引申指像箱子的器具，如冰箱、风箱、信箱、集装箱等。

简单地说，“厢”是一个空间概念，是整个空间的一部分，不可移动；“箱”是一个独立的器具，可固定在某一处，也可以移动。汽车的“后备xiāng”不宜写成“后备箱”。

“曝料”还是“爆料”？

问：我是一名网站编辑，前不久本网站论坛有篇文章中说：据某周刊“曝料”……我认为应该用“爆料”。究竟该用什么，为什么？

——上海市宜君路　卢刚

答：用“爆料”，你的感觉是对的。

曝读bào时本来只用在“曝光”一词中，即使照相底片或感光纸感光。词义引申，“曝光”也指隐秘的事（多指不光彩的事）显露出来，被众人知道。受“曝光”引申义的影响，也有人用“曝”指缺点、错误或其他不光彩的事显露或被揭露出来。如“曝丑”即公开暴露自身的缺点或错误，以接受群众的批评、监督。

爆，本义为火迸裂。《说文》：“爆，灼也。”清代王筠句读：“今俗谓火迸散为爆。”引申指猛烈地出现，如“爆发”即猛烈地发生、发作。进一步引申，指突然、令人意外地出现，如“爆冷门”即指在某方面突然出现了让人意想不到的事情。

料，本指材料、原料，也可引申指内情。进行语素分析，“曝料”即让不光彩的内情显露出来；“爆料”即让内情突然、出人意料地显露出来，所涉及的事既可以是不光彩的也可以是光彩的。而“爆料”中“突然”“令人意外”的含义，是“曝料”所不具有的。可见，“爆料”范围广，可以涵盖“曝料”。根据经济性原则，仅“爆料”足矣。新版《现代汉语词典》收有“爆料”词条，释义为“发表令人感到意外或吃惊的新闻、消息等”。而“曝料”未见辞书收录。因此，我们主张用“爆料”。

还想指出的是，汉语中还有“报料”一词，意思是向媒体提供新闻线索。这个词显然与“爆料”的含义不一样。在此，不展开讨论。

“份内”还是“分内”？

问：前两天在一张报纸的一篇文章中见到这样一句话：“这是我份内之事，不必客气。”直觉告诉我，句中的“份内”写成“分内”比较好，但道理在哪讲不清楚。到底是“份内”还是“分内”，原因在哪？

——上海市中山北路　张春玲

答：推荐使用“分内”。

“分”和“份”是汉语运用中的“拦路虎”，让人十分头疼。

最早只有“分”。“分”读fēn，从八（象分别相背之形，义为“别”），从刀，本义是分开、分割。“分”的引申能力很强，义项众多，《汉语大字典》《汉语大词典》都收有30多个。这显然会给理解、使用带来负担。为了便于区分，“分”在运用中出现了分化，部分义项另立门户，读成了fèn。这个分化，无疑给使用带来了一定的方便；但问题并未完全解决，因为“分”分化为两个读音以后，各自的义项还是很多，理解、运用的负担还是很重。后来，“分”读fèn时又出现了分化，部分义项加单人旁写成了“份”。不过，读fēn时并未出现这种分化。所以，凡是读fēn，都写成“分”，不加单人旁。

那么，“分”的哪些义项分离出来写成了“份”呢？情况很复杂，甚至很“混乱”，时而“分”时而“份”，此人“分”彼人“份”，混用非常严重，并且产生了一批既用“分”也用“份”的异形词。不过，考察语用实际，不难发现一个大致的“分离”眉目。下列义项倾向用“份”。

第一，整体里的一部分，如股份、等份、份额、份饭、份钱。第二，用在省、县、年、月等后面，表示划分的单位，如省份、县份、年份、月份。第三，表示程度，如话都说到这个份上了。第四，作量词，分两种用法：用于搭配成组的东西，如一份饭、一份礼物、把蛋糕分成三份；用于报刊、文件等，如一份《人民日报》、合同一式两份。这些义项在意义上其实有关联，后几个义项都是从第一个义项引申或虚化而来。

除此以外，其他义项倾向用“分”。

第一，表示人在社会中的地位以及相应的职责、权利等的限度，如“分内”“分外”“本分”“过分”“恰如其分”“非分之想”等。

第二，表示情谊、机缘、资质等因素，如“情分”“缘分”“天分”“看在老师的分上”等。第三，表示成分，如“养分”“盐分”“水分”等。

可见，张女士所提到的那句话中用“分内”比较妥当。

还想指出的是，“身份”的“份”义同“分内”“分外”等词语中的“分”，按道理应该是“身分”而不是“身份”。这是历史造成的。1949年香港人开始使用“身份证”，现在香港已经回归祖国，但使用的还是“身份证”。可能受香港影响，1984年内地颁发的也是“身份证”，30年过去了，“身份”沿用至今。社会上一直有争议，认为按学理应用“身分”才对。但把“身份证”改成“身分证”绝非易事，也不现实，只好承认现实，“将错就错”，维护“身份”的合法地位。工具书过去都一边倒地只收“身分”或以“身分”为首选词形，现在大都首选“身份”，如《现代汉语词典》《现代汉语规范词典》等。

“倍”和“备”如何区分？

问：当稿件中出现“倍”或“备”当副词用时我常犯糊涂，这两个字究竟如何辨析？

——山东曲阜　商哲

答：“备”和“倍”确实常让人头痛，做副词用时，两个字常易混淆。

“备”的本义是“完、齐”，如“完备、齐备、求全责备”等。做副词用时，表示“完全”，侧重范围上的加大。

“倍”的本义是“照原数相加”，如“倍增”“事半功倍”“倍道兼程”“倍数”“倍率”等等。做副词用时，表示“深”，侧重程度上的加深。

是“艰苦备尝”而不是“艰苦倍尝”，是“关怀备至”而不是“关怀倍至”。“艰苦备尝”强调，尝到的是各种艰苦而不是一种艰苦。“关怀备至”强调，对人的关怀是各方面的而不是单方面的。量的增加，都是“范围”上的，而不是“程度”上的。

是“倍感亲切”而不是“备感亲切”，是“每逢佳节倍思亲”而不是“每逢佳节备思亲”。“倍感亲切”是更加感受到亲切、格外感受到亲切，“倍思亲”是更加思念亲友、格外思念亲友。量的增加，都是“程度”上的，而不是“范围”上的。

必须留意的是，汉语中既有“备受”也有“倍受”，既有“备加”也有“倍加”，意思不一样。“备受”的意思是“受尽”，强调“范围”上的加大；“倍受”意思是“更加受到”，强调“程度”上的加深。如“备受煎熬”，意思是各种煎熬都经受了，着眼点在“范围”上；“倍受青睐”，意思是更加受到青睐、格外受到青睐，着眼点在“程度”上。“备加”的意思是“全方面给予”，强调“范围”上的加大；“倍加”的意思是“更加、加倍”，强调“程度”上的加深。如“备加呵护”，意思是全方位呵护，着眼于“范围”；“倍加思念”，意思是更加思念、加倍思念，着眼于“程度”。

“13世纪后半叶”的“叶”是什么意思?

问:经常看到书报刊上说“上世纪30年代中叶”“13世纪后半叶”等等,这些“叶”是什么意思?

——四川　周小明

答:叶,本义是植物的营养器官之一,通常由叶片和叶柄组成,通称叶子。假借指“世”或“代”。《后汉书·郭躬传》载赵兴祖孙“三叶皆为司隶”,义即“三代都做司隶之官”。张九龄《南郊文武出入舒和之乐》“祚流万叶”,义即“福祚万代流传”。后也指某段较长的时期。现在书报刊上的“叶”,就是这种用法。“上世纪30年代中叶”指的是“上世纪30年代中期”,“13世纪后半叶”指的是“13世纪后半期”。

“编辑”的“辑”为什么是“车字旁”?

问:我是刚毕业的大学生,去一家杂志社应聘,笔试环节中一不留神把“编辑”写成了“编缉”,闹了个笑话。“编辑”的“编”是绞丝旁,为什么“辑”是车字旁,道理在哪?

——四川成都　彭华

答:这是一个很有趣的问题,道理并不复杂,把“辑”“缉”两字字义稍作梳理便会清楚。

辑，本义是"车"，但不是一般的车。《六书故·工事三》说："合材为车，相得谓之辑。"什么意思呢？车由各种部件集合而成，各部件都要制作得很精准，车辆运行时各部件才能协调一致，达到这种标准的车才称"辑"。《说文·车部》："车和，辑也。"其中的"和"即"和谐""协调"。"辑"后来引申出"和谐""收敛""聚集"之义。"编辑"指收集资料或现成作品整理、加工成文章或书籍，"辑"原是"聚集"之义。如《国语·晋语八》："及为成师，居太傅，端刑法，辑训典，国无奸民。"

缉，本义是把麻搓捻成线，引申指搓捻、缝、继续、搜捕等义。但这些意思均与"编辑"无关。虽然"缉"后来也引申出"聚集"之义，但这已经是南北朝时候的事儿了，而早在先秦时人们已经用"辑"表示编辑、辑录了。可见，"编辑"的"编"虽然是绞丝旁，"辑"却是车字旁，不能想当然噢。

"彩"和"采"如何区别？

问：我在一个机关办公室工作，经常和文字打交道，请问"彩"和"采"如何区别，是"神彩"还是"神采"？

——上海　张永锋

答：采，上部是"爪"的变形，下部是"木"，会意字，表示用手从树上摘取果实，其本义是"采摘"。引申指"选用""搜集""挖掘"等。

上古时，采还可借指“色彩”。《书·益稷》：“以五采彰施于五色，作服。”蔡沈集传：“采者，青、黄、赤、白、黑也。”引申指“彩色的丝织品”“光彩”“纹饰”“彩头”等等。由于人的心情、精神状态的变化也常会引起面部“色彩”的变化，比如害羞脸上会泛红、生气面上会发青等，所以“采”也引申指“神态”即人的精神状态，如“神采”“风采”等。这样一来，“采”就有了两个意义序列的含义，负担过重。为了“减负”，后来另造“彩”字分担“采”的“色彩”及其引申意义。意图非常好，表示“采摘”及其引申义用“采”，表示“色彩”及引申义用“彩”。遗憾的是，实际运用中，表示“色彩”及引申义时既有人用“采”也有人用“彩”，乱成一片。

现代汉语中，并未沿着古汉语中的路继续走，即在表示“色彩”及其引申义时全用“彩”。而是按照“形”“神”之别，让这一意义序列一分为二，即表示客观形态色彩用“彩”，如“彩云”“剪彩”“张灯结彩”“丰富多彩”“中彩”“挂彩”等等，表示主观精神状态用“采”，如“神采”“兴高采烈”“没精打采”“风采”等等。

“暨”和“及”的区别是什么?

问：我在一个机关做宣传工作，经常书写条幅，常为“及”和“暨”俩字伤脑筋。请问：是“竣工典礼及庆功大会”，还是“竣工典礼暨庆功大会”？这两个字究竟如何用?

——北京　周小兵

答：在现代汉语中，这种情况用“暨”，写成“竣工典礼暨庆功大会”，比较符合语用习惯。

暨，《说文·旦部》：“日颇见也。”王筠句读：“颇见者，略见也。”可见，“暨”的意思是，太阳微现于地平线上。引申指至、到。《后汉书·班固传》：“百礼暨。”李贤注：“暨，至也。”进一步引申为连词，相当于“及”“与”“和”。《小尔雅·广言》：“暨，及也。”“暨”字的这一用法，古汉语中十分常见。《尚书·尧典》：“汝羲暨和。”“羲”即羲氏，“和”即和氏，执掌天地四时之官。“汝羲暨和”意思是你们羲氏及和氏。唐代韩愈《郓州溪堂诗》：“公暨宾赞。”“宾赞”古指幕僚；“公暨宾赞”即您和幕僚。

及，本义是追上、赶上。意义引申，也可作连词用，相当于“与”“和”等，与“暨”同义。如《诗·豳风·七月》：“七月烹葵及菽。”《史记·高祖本纪》：“好酒及色。”等等。

可见，在古汉语里，“暨”和“及”都可作连词，连接并列的名词或名词短语，用法一致。然而，在现代汉语中，“暨”和“及”的用法出现分化，一般语用中用“及”，“暨”只用于比较庄重、严肃的场合。如2015年是中国人民抗日战争胜利70周年，也是世界反法西斯战争胜利70周年，二者并提时多用“暨”字连接，说成“中国人民抗日战争暨世界反法西斯战争胜利70周年”。为了表示庄重，大会、活动等名称中如果出现并列项，一般也用“暨”字连接。

此处用“馀”妥当吗?

问:我是一家出版机构的审读。有一本评诗的书中说“于史有馀,于诗不足”,我把其中的“馀”改成了“余”,但责编认为此处用“余”意义可能混淆,坚持用“馀”。此处用“馀”可以吗?

——北京　李阳

答:此处用“馀”不妥当。

在用繁体字书写的时代,“餘”和“余”本是两个不同的字,前者表示“多余”“剩余”等意思,后者是第一人称代词,相当于“我”。1964年5月,《简化字总表》颁布实施,“餘”简化成“余”。这样一来,“余”一身兼二职,既继续用作第一人称代词,也表示原来“餘”的各个意思。不过,在实际运用中可能出现“混淆”。如“余年无多”,意思是“剩余下的日子不多”还是“我的日子不多”?可能有不同的理解。因此,《简化字总表》做了一个脚注:“在余和餘意义可能混淆时,仍用餘。如文言句‘餘年无多’。”根据这个注释,“餘”并未完全简化成“余”,在容易混淆时,“餘”保留使用。不过,同时也出现一个小问题:“食”作为偏旁已经简化成“饣”,如“饑”“飯”“飲”已简化成“饥”“饭”“饮”了。而“食”同样也是“餘”的偏旁,如果继续保留“餘”的话,有损文字结构的“系统性”。

1977年,中国文字改革委员会发布《简化字总表(第二版)》,对1964年颁布实施的《简化字总表》中“余(餘)”的脚注内容做了调整,原脚注改成:“在余和馀意义可能混淆时,馀仍用馀。”请注意，在这里原来的“餘”已经换成了“馀”。这个改动隐含的意思是：“余”是“餘”的简化字，在“余”和“餘”意义可能混淆时仍用“餘”，但要类推简化成“馀”。这显然是针对上文说到的“小问题”而做的补充。1986年，当时国家语言文字工作委员会重新发布《简化字总表》，其中保留了1977年《简化字总表（第二版）》对“余（餘）”脚注的调整。

2013年6月国务院正式发布《通用规范汉字表》。该表是在整合《第一批异体字整理表》（1955年）、《简化字总表》（1986年）、《现代汉语常用字表》（1988年）、《现代汉语通用字表》（1988年）的基础上制定而成的。《通用规范汉字表》公布后，社会一般应用领域的汉字使用以《通用规范汉字表》为准，原有相关字表停止使用。在《通用规范汉字表》中，只有“余”，既无“餘”也无“馀”。这说明，“馀”已经停止使用，“餘”已经无例外地简化成了“余”。其实这个调整是有道理的。在实际运用中，“余”和“餘”混淆的情况其实并不多见，即使出现了这种情况，一般也可以根据语境做出判断，完全没有“搞特殊”的必要。

话说回来，即使不考虑《通用规范汉字表》所做的调整，李阳先生所说到的“于史有馀，于诗不足”中的“馀”，也应该改成“余”。此处“有余”与“不足”对举，“余”显然是“多余”的“余”，而不可能作第一人称代词用，显然不属于“可能混淆”的情况。

“橘”是否可写作“桔”？

问：我们平时吃的水果“橘子”，有许多地方都写作“桔子”；表示颜色的词语“橘红”“橘黄”，有人将它们写作“桔红”“桔黄”。请问“橘”和“桔”是一回事吗？

——浙江黄岩　李东升

答：“橘”和“桔”本是两个不同的字，意义不一样。橘，读音为jú，就是我们日常作水果吃的橘子，也指橘子树。伟大的爱国诗人屈原曾写过一篇楚辞《橘颂》。桔，读音为jié，不单用，由它组成的复词有“桔槔”（一种汲水工具）、“桔梗”（一种多年生草本植物）等。

可能是由于“橘”字笔画繁多，后来民间就有人用“桔”字来代替“橘”字，这时的“桔”也变读为jú。这样一来，“桔”成为“橘”字的俗体字。

俗体字是通俗流行而字体不合规范的汉字，在正式场合不宜使用。所以，我们吃的水果júzi，应写作“橘子”。同样，“橘红”不宜写作“桔红”，“橘黄”不宜写作“桔黄”。

校名中的“钟”可以改成“锺”吗？

问：《通用规范汉字表》中规定，繁体字“鍾”也可以简化成

"锺"。我是马来西亚槟城乔治市"钟灵中学"的校友，母校校名中的"钟灵"取"钟灵毓秀"之义。学校正在筹备100周年校庆，有人提出趁此机会将"钟灵中学"的"钟"改成"锺"。可以改吗?

——马来西亚　吴明

答：用繁体字书写，"鍾"和"鐘"本为两个不同的字。"鍾"本指古代一种盛酒的器皿，腹大，颈细，口小。引申指（情感等）专注、集中。也用作姓氏。"鐘"本指一种打击乐器，中空，用铜或铁制成。也指寺院或其他地方悬挂用以报时、报警的器具。后多指计时器具。

在1964年颁布实施的《简化字总表》中，繁体字"鐘"和"鍾"都被简化成了"钟"。1986年国家重新发布《简化字总表》，并未对这个简化方案做出调整。因此，根据《简化字总表》，繁体字"鐘"和"鍾"的所有义项，都写成"钟"。

2013年《通用规范汉字表》颁布实施，其中对"鐘"和"鍾"的简化做了微调，规定"鍾"用于"姓氏人名"时可以简化成"锺"。比如大学者"钱锺书"，过去人们多根据《简化字总表》写成"钱钟书"，现在人们多根据《通用规范汉字表》写成"钱锺书"。"钱锺书"的"锺"用繁体字，应该是"鍾"，意思是"专注""集中"。据说在"抓周"时，钱锺书抓的是书，因此取名"锺书"，即"专注于书""钟情于书"。

然而，这个微调仅限于"姓氏人名"，在其他场合，"鍾"仍然简化成"钟"。学校的名称显然不在"微调"的范围内。因此，根据《通用规范汉字表》，“钟灵中学”的“钟”还是不改成“锺”比较好。

“交水电费”还是“缴水电费”？

问：我是贵刊的忠实读者，长期订阅贵刊，有一个问题请教，是“交水电费”还是“缴水电费”？

——上海　潘任杰

答：两种说法都可以。

交，本指两者相交，引申指汇合、交错、交叉、交往、交换等。大约在唐代，“交”引申指交付、交出。如“交印”即交出官印，比喻卸职。白居易《和梦得夏至忆苏州呈卢宾客》诗：“交印君相次，褰帷我在前。”

缴，本读zhuó，指生丝线，后来系在箭上的生丝线也称缴。汉代时，缴有了另外一个读音jiǎo，指缠绕，后来也引申指事情或问题纠缠不清等。唐代时，门下省有给事中一职，专门审议皇帝诏令，如果发现问题便交还给皇帝或有关部门，此称“缴还”，此“缴”读jiǎo。从此以后，缴读jiǎo时，便逐步有了交付、交出之义。如“缴送”指交还、归还。“缴纳”指把规定的财物交给公家。“缴进”指上交。再如“缴付”“缴收”“缴卷”等等，其中的“缴”都是交付、交出之义。一般认为，在表示交付、交出之义时，“缴”是“交”的假借字。清代朱骏声《说文通训定声》：“假借为交。按今用为缴纳字。”

由于“缴”和“交”都有交出、交付之义，两字于是发生了纠缠。

如上面提到的“缴纳”“缴付”“缴卷”，旧时也写作“交纳”“交付”“交卷”。这种“混用”状况，到民国时期还普遍存在。不过，从语料看，“缴”字相对用得较多。

中华人民共和国成立以后，“缴”和“交”开始出现分化。表示被迫或迫使“交出”用“缴”，如“缴获”“收缴”“缴枪”“缴械”等。表示为履行义务而“交出”，既可以用“缴”也可以用“交”，如既可以说“缴费”“缴税”“缴房租”“缴款”“缴纳”，也可以说“交费”“交税”“交房租”“交款”“交纳”。表示一般意义上的“交出”，只用“交”，如“交付”“交割”“交换”“交账”等。

不过，在表示为履行义务而“交出”时，现在似乎出现了较多选用“交”的趋势，即现在人们多说“交费”“交税”“交房租”“交款”“交纳”等，而说“缴费”“缴税”“缴房租”“缴款”“缴纳”正在逐步减少。这可能与现在的社会心理变化有关。如今公民素质在逐步提高，人们履行义务的“自觉”意识明显增强；并且社会强调“人性化”管理，一般也不提倡用“强制”手段让人履行义务。而“缴”含有“被迫”“迫使”的意思，与现在的社会心理多少有些抵触。

付水电费是一种“义务”，是必须履行的，所以既可以说“缴”也可以说“交”，而现在说“交”相对较多。

“头昏脑涨”还是“头昏脑胀”？

问：词典有“头昏脑涨”，也有“头昏脑胀”，究竟该用哪一种写法？它们能否通用？

——江苏连云港　张骏鹏

答："头昏脑涨"与"头昏脑胀"是一组异形词，我们推荐使用"头昏脑胀"。

涨，《广韵·漾韵》："涨，大水。"本义为水位升高。读为zhǎng时，表示（水位、物价等）上涨。读为zhàng时，大致有以下几个义项：表示（固体）吸收水分后体积增大，如木耳泡涨了；表示充满，特指（头部）充血，如脸上涨得通红；表示超出（原来的数目），如钱花涨了。"头昏脑涨"的"涨"取"充满，特指（头部）充血"之义，音zhàng；"头昏脑涨"即头部昏晕，头部充血。胀，读为zhàng，《广韵·漾韵》："胀，胀满。"指身体器官内壁受到压迫而产生的不适之感，如肚子胀。引申表示物体体积变大，如膨胀。"头昏脑胀"即头部昏晕，头部有膨胀不适之感。

"头昏脑zhàng"一般可用在以下两种语境：

一是表达生理上感到头晕、头部不适。"最可怕的是，美国中情局特工几乎每天都向我牢房里吹几种气体。有一种气体使我呼吸困难……有一种气体使我手脚麻木，头昏脑涨。"（新华社2004年7月20日报道）"一个叫刘伯林的农民，平日身体挺壮实，一天，吃过晚饭，突然感到头昏脑胀，肚子疼得厉害，接着手足痉挛，呕吐不停，发起了高烧，不一会儿，就气绝身亡。"（《人民日报》1997年1月5日报道）

另一种是表达心理上的，工作或其他事务头绪过多或持续时间过长而导致精神上的疲乏。例如:“这番话如果是说在会议的开头,肯定会引起纷争。现在的时机正好,大家争得头昏脑涨,谁也拿不出可能通过的具体方案。”(陆文夫《围墙》)“尤其是古代汉语,听得我头昏脑胀,理不清头绪。”(《读者200期合订本》)

可见,“头昏脑涨”与“头昏脑胀”表义基本一致,读音相同,使用语境相同,可视作一组异形词。作为异形词,我们认为使用“头昏脑胀”更好。主要有以下理由。

分析“头昏脑zhàng”出现语境不难发现,这个词主要表示因为“头昏”而引起的生理上的不适或心理上的不爽,“胀”比“涨”更能表达这一意思。“胀”常与表示身体不适之感的语词共现,如《百喻经》:“医未至顷,便取服之,腹胀欲死,不能自胜。”《醒世姻缘传》:“直到那掌灯的时节,渐渐的省来,浑身就如捆绑了一月,打了几千的一般痛楚,那脸上胀痛得难受。”这两句中的“欲死”和“痛得难受”,都是人的不适感的体现,说明“胀”也带有“不适”之义。而这种含义“涨”是不具备的。

我们在国家语委现代汉语语料库和北京大学CCL现代汉语语料库中进行检索,国家语委语料库中使用“头昏脑涨”的仅有1条,而“头昏脑胀”则有8条;北大现代汉语语料库中“头昏脑涨”为41条,而“头昏脑胀”为113条。从语料库数据可以看出,“头昏脑胀”的使用频率远高于“头昏脑涨”。所以从使用习惯的角度来说,也是写成“头昏脑胀”更合适。

“沉、沈、瀋、渖”有何关系?

问:在阅读古籍的时候常看到把“沉”字写作“沈”,请问“沈”是“沉”的繁体字吗?还有,“瀋”“渖”这两个字和“沈”又是什么关系呢?

——辽宁大连　白敏男

答:沈,小篆写作[illegible]。《说文》:“从水,冘声。”甲骨文象投牛羊于水中之形,本义为沈祭(古代一种祭祀水神的仪式,以向水中投祭品而得名),音chén。后表沉没、程度深、分量重等义,如《诗经·小雅·菁菁者莪》:“泛泛杨舟,载沈载浮。”元刘壎《隐居通议·诗歌二》:“以上诸篇,或豪宕悲壮,或深沈感慨,有无穷义味。”俗又讹变为“沉”,如《易林·贲之乾》:“八口九头,长舌破家,帝辛沉湎,商灭其墟。”后来表示沉没等义的“沈”逐渐统一写作“沉”。所以,说“沈”是“沉”的繁体字是不准确的,表示沉没等义的“沈”可视为“沉”的通用字。

尽管表示沉没等义的“沈”字现写作“沉”,但“沈”这个字形并没有停止使用。“沈”字可读为shěn,即我们常见的“沈”姓。另一方面“沈”现在被借用作为“瀋”的简化字。瀋,形声字,从水審声,读shěn。可指汁,清蒋士铨《一片石·梦楼》:“墨瀋淋漓,哀音繁促。”其中的“墨瀋”,现在写作“墨沈”,意思是墨汁。“瀋”还是水名,在今辽宁省沈阳市南,沈阳市就得名于此。其实,古代“沈”就与“瀋”相通,《集韵·寝韵》:“瀋,《说文》:‘汁也。’或作沈。”清段玉裁《说文解字注·水部》:“沈,或借为瀋字。”

最后来说一下“渖”字。因为“審”被简化为“审”,“嬸”被简化为“婶”,故有人将“瀋”也类推简化,从而产生了“渖”字。1956年与1986年版《简化字总表》以及2013年发布的《通用规范汉字表》中均未收录该字。故“渖”是一种不规范的写法。

“以兹鼓励”还是“以资鼓励”?

问:请问奖状上的“特颁此状,以zī鼓励”,这个“以zī鼓励”应该写成“以资鼓励”还是“以兹鼓励”?

——山西　李连

答:奖状可视为公文的一类,其文本的最后一句通常是“特颁此状,以资鼓励”,或“特发此奖,以资鼓励”。然而,我们也常看到有人把“以资鼓励”写作“以兹鼓励”。到底是“以资鼓励”还是“以兹鼓励”?抑或两者皆可?

资,本义指钱财,引申指提供;“资鼓励”即提供鼓励。以,连词,连接前后两项,表示前项是后项的手段,后项是前项的目的,可释为“来”“用来”。“特颁此状(特发此奖),以资鼓励”,即“特此颁发此奖状,来提供鼓励”,“颁发奖状”是手段,“提供鼓励”是目的。也有人认为,“以”是介词,其后省略了一个指示代词“此”(指代“特颁此状或特发此奖”)。“以资鼓励”就相当于“以此资鼓励”,

即“用特颁此状或特发此奖的方式，来提供鼓励”。同样，“颁发奖状”是手段，“提供鼓励”是目的。二者均可说通。

查阅文献，“以资鼓励”在清末民初的文献中大量出现。如“奏请奖叙，以资鼓励”（《皇朝经世文四编》）、“着优加犒赏，以资鼓励”（《清实录·宣统政纪》）、“请优奖以资鼓励”（《清史稿》）等等。“以资鼓励”同样出现在前后两项（前项是手段，后项是目的）的后项位置上，即“资鼓励”是目的，“奏请奖叙”“着优加犒赏”“请优奖”是手段。奖状中“以资鼓励”，应当来源于文献中的这种用法。

兹，本义指增益、增加，即“滋”的本字。也用作指示代词，相当于“此”“这”。还可以指“今”“现在”。

“以兹鼓励”即用此来鼓励，“兹”用作指示代词。“特颁此状（特发此奖），以兹鼓励”，即“特此颁发此奖状，用此来鼓励”。同样，“颁发奖状”是手段，“鼓励”是目的。可以说通。

然而，查阅文献，我们并没有发现“以兹鼓励”的用例。在公文用语中，“兹”倒是经常出现，但多用作通知、邀请函、请柬、介绍信等文本的开头语，如“兹定于”“兹因”“兹悉”“兹有”等等。其“兹”均作“今”“现在”解，而非指示代词。在公文文本的结尾用语中，也常用到指示代词，如“特此报告”“特此公告（通知、通告、布告）”“特此批复”“特此函达”“特先函商”“特此函复”以及“此布”“此复”“此令”等等。用的多是“此”，而非“兹”。总之，在公文文本中，也很少见到用作指示代词的“兹”。

因此，我们认为，在奖状文本的结尾语中，最规范的用法是“以资鼓励”，而非“以兹鼓励”。我们也建议大家用“以资鼓励”，尽量不用“以兹鼓励”。不过，我们也不把“以兹鼓励”当成差错，而把它当成“以资鼓励”的变体。

“一摊血”还是“一滩血”？

问：老师，您好！请问“地上有一tān血”中的“tān”是写成“摊”还是“滩”？

——上海 张轩

答：“地上有一tān血”的“tān”推荐使用“摊”字。

摊，本义是平铺。周立波《卜春秀》：“小脚婆子走出来，把两手一摊。”“摊”还指设在路旁、广场等处的简易售货处，因为这种售货处最早多把货物平铺在货台或地上。把柔软或糊状食物铺成片状进行煎烤的烹饪方法也叫摊，比如摊煎饼。“摊”用作量词时与其本义也存在关联，用于摊开的糊状物，如一摊血、一摊稀泥。钱锺书《围城》：“我只怕他整个胖身体全化在汗里，像洋蜡烛化成一摊油。”所以，“地上有一tān血”可以写成“地上有一摊血”。

那么，“一tān血”可否写作“一滩血”呢？查阅相关资料，确有使用“滩”字作为“血”的量词的用例。如杨朔《乱人坑》：“正干着活忽然就得了血伤寒，鼻子流出一大滩血。”但是，我们不推荐使用“滩”字。

滩，本指江河中水浅多沙石而流急之处。《陈书·高祖纪上》："南康赣石旧有二十四滩，滩多巨石，行旅者以为难。"引申指滩头，即江、河、湖、海边水涨淹没、水退露出的淤积平地，如沙滩、海滩。还可引申泛指荒野的平地，如戈壁滩。可知，"滩"字虽从水，本义也与水有关，但语用中指的往往是沙石、土地等，甚至可以用在"戈壁滩"中。戈壁滩尽是沙子和石块，地面上缺水，植物稀少，是一种荒漠地貌。将"滩"用作描述血等液体或糊状物的量词，语义关联较弱，故不推荐使用"滩"字。

“流传”还是“留传”？

问:“流传”和“留传”读音相同，意思相近。本人在民俗文化研究中，经常接触到这两个词，有时觉得容易混淆。你们能说一说它们之间的基本区别吗？

——吉林长春　曹志伟

答：两词的共同点是“传”，但有三点不同：一是传的范围。“流传”既是纵向的，指时间上由前而后；又是横向的，指空间上由此及彼。“留传”只能是纵向的。“英雄的事迹到处流传”，这是空间的扩散，只能用“流传”而不能用“留传”。二是传的态度。“流传”往往是自然传播，“留传”则有主观刻意的色彩。“这套书是祖上留传下来的”，这里指的是前人把财产传给后人，只能用“留传”而不能用“流传”。三是传的对象。“流传”较为宽泛，偏于精神层面；“留传”多指具体事物。

“极至”还是“极致”？

问：一篇文章中用到“极致”一词，编辑部里有人同意作者的用法，有人认为该用“极至”，为此争论不休。你们认为是“极至”还是“极致”？

——上海一期刊编辑

答: 确实是个常用词。你不妨查一下《汉语大词典》。该词典第4卷第1136页收有“极至”:“顶点。多谓达到最佳境界或最高、最深的程度。”释文下提供了唐宋以来的书证。第4卷第1139页则收有“极致”:“最佳的意境、情趣;达到的最高程度。”释文下提供了东汉以来的书证。可见,这两个词都是有的,而且词义极为相近,可视为近义词或异形词。从构词方法来说:“极至”是联合式,极、至都可指顶点;“极致”则是偏正式,“致”可当情趣、意境解。在这种情况下,似以尊重作者的选择为宜。

“坚忍不拔”还是“坚韧不拔”?

问: 在一篇文章中,作者写的是“坚忍不拔”,有人主张改为“坚韧不拔”,编辑部意见不统一。你们认为要改吗?

——上海一期刊编辑

答: 似不必改动。“不拔”,不可拔除,意即不可动摇。“坚忍”可以“不拔”,“坚韧”同样可以“不拔”,两者是同义词。“坚忍”的“忍”,强调的是一种状态,以极大的毅力忍耐、忍受;“坚韧”的“韧”,强调的是一种评价,意志百折不挠、万难不屈。就词语的历史来看,“坚忍不拔”在前,苏东坡《晁错论》中便见应用:“古之立大事者,不惟有超世之才,亦必有坚忍不拔之志”。现代汉语中则以“坚韧不拔”更为常见,《中国成语大辞典》以“坚忍不拔”立目,《现代汉语规范词典》以“坚韧不拔”立目，也许便反映了这一变化。

“人工受精”能与“人工授精”通用吗？

问：《现汉》和《辞海》都有“人工授精”词条，可有人说“人工授精”也可以写作“人工受精”。两者能通用吗？

——广西南宁《法治快报》　王彩云

答：“人工授精”是通过人工的办法采取雄性动物的精液，使雌性动物的卵子受精的一种技术。

这项技术要帮助雄性动物把健康的精子顺利输送到雌性动物的生殖道内，强调的是用人工的方式取得精液并“授给”雌性动物，其立足点在雄性动物一方。若写成“人工受精”，其立足点就在雌性动物一方，强调的是用人工的方式“接受”精子了。

“人工受精”能说得通，但没必要。它和“人工授精”意思相同，区别仅在立足点不同。让两者混用只会增加混乱，还是参照《现汉》和《辞海》，一律写作“人工授精”为好。

“防治”还是“防制”？

问：我曾为单位制作标语，用了“防制艾滋病”的说法，单位的同事说应该写“防治艾滋病”才对。“防治艾滋病”意思是无病就防，有病就治。可我想，这病不像感冒，应该强调“防治和控制”，因此用“防制”更准确。但同事都说我不对。请帮助诊断。

——云南会泽电信分公司　杨凯

答：“防治”这个词语大家都熟悉，意指“预防与治疗”，如“防治疾病”，或“预防和治理”，如“防治风沙”。因此，“防治艾滋病”肯定正确。

“防制”，常用辞书未收录，并不是一个固定词语。如果缺少必要的解释说明，恐怕人们一般都会认为是“防治”的误写。当然，将“防制”解释为“防治和控制”是可以的，但“防制”毕竟只是一个临时的组合，说话者可以这么用，听话人却未必都能理解，一旦解释不充分，其交际效果就会受影响。其实，“防治疾病”就是对疾病进行控制，专门写作“防制”似乎没什么必要。

因此，我们认为“防治艾滋病”是更好的选择。

“手机振动”还是“手机震动”？

问：我是安徽某报纸的一名文字编辑，在审稿中经常碰到手机的一种设置状态zhèndòng，有的写作“振动”，有的写作“震动”。请问哪一种写法是妥当的？

——安徽合肥　刘女士

答:“手机zhèndòng”,应该写作“手机振动”。“振动”,是指物体通过一个中心位置,不断作往返运动,这种运动是有规律的,其结果没有破坏性;“震动”,意即颤动、使颤动,是无规则的,其结果往往是消极的,甚至是破坏性的。我们知道,手机的zhèndòng设置,目的是提示主人有来电或短信,对手机本身无疑是没有破坏性的结果的,故而应写作“振动”。

“中秋”还是“仲秋”?

问:今年中秋节买月饼的时候,我发现有的月饼盒上宣传文字是“中秋月饼”,而有的却写成“仲秋月饼”。请问“中秋”与“仲秋”有何不同?

——黑龙江　姚振羽

答:“中秋”与“仲秋”是不同的概念。农历八月十五日,是我国传统佳节,这一天叫“中(zhōng)秋”“中(zhōng)秋节”。中秋是团圆的节日、思亲的节日。汉语文化中,中秋有赏月、吃月饼的风俗。为中秋节而生产的月饼,自然叫“中秋月饼”。而“仲秋”则是指秋季的第二个月。又因为“仲”的古字写作“中”(读作zhòng),故而“仲秋”又可写成“中秋”。

简言之,表示八月十五传统节日时,只能写成“中秋”;表示月份时,“仲秋”与“中秋”则构成异形词关系,不过“仲秋”是首选词形。

“蒸汽”还是“蒸气”？

问：编辑同志，“蒸汽”和“蒸气”这两个词语的区别是什么，可否通用？

——哈尔滨出版社　罗先生

答：这两个词有差异，不可通用。“蒸气”的外延比“蒸汽”大，“蒸气”包括“蒸汽”。“蒸气”的“气”指各种气体，如“毒气”“煤气”“沼气”等；凡是液体或固体（如水、汞、苯、碘）因蒸发、沸腾或升华而变成的气体，都可以叫“蒸气”。而“蒸汽”则专门指气态的水，即“水蒸气”。两个词语不可混用。比如，利用水蒸气产生动力的发动机，只能写作“蒸汽机”；利用水蒸气产生动力的锻锤，只能简称为“汽锤”，而不可写作“气锤”。

“拥入”还是“涌入”？

问：我在批改学生的一篇作文时，发现其中有一句话：“上课铃声响了，大家都争着拥入教室。”这里的“拥入”是否要改成“涌入”？你们能告诉我吗？

——北京顺义　刘长久

答：“拥入教室”和“涌入教室”都可以说，但强调的重点不同。

"拥入"是指人群互相用力挤着，一窝蜂地往里冲，强调的是争先恐后的情形；有一个成语就叫"一拥而入"。而"涌入"则是一个比喻的说法，把学生比作了迅疾的水流，强调的是整体上的气势和速度，形象感强。

"资讯"与"资信"有区别吗？

问：我知道"电讯"是"电信"的旧称，"讯号"泛指"信号"。那"资讯"和"资信"也是同义词吗？

——浙江　罗康明

答："资讯"和"资信"的含义天差地别。"资讯"，即信息，如"科技资讯""生活资讯"。这里的"资"指资料，"讯"指信息。有一句话叫"信息时代，资讯免费"，其中"信息"和"资讯"位置可以互换，基本等义。"资信"则指企业或个人的资金实力与信誉水平，如"资信证书""提供资信担保"。此处"资"指资产、资金，"信"是"信誉"的意思。

"同比"与"环比"有区别吗？

问：新闻报道中常提到"同比""环比"。这两种比较分别是怎么个比法?

——吉林　周志国

答:“同比”就是跟上一年同一时期相比较，体现事物的相对发展速度，例如2008年3月份与2007年3月份相比较，就称为“同比”。“环比”是指这一个统计周期和上一个统计周期相比较，表明事物逐期的发展速度，例如2008年3月份与2008年2月份相比较，就称为“环比”。“环比”按其统计周期的长短，可分为日环比、周环比、月环比和年环比。一个完整的统计周期，可以比作一个“时间环”，相邻的两个时间环之间的比较，即谓“环比”。

“生猪”乎?“牲猪”乎?

问:请问供食用的肉猪该叫“生猪”还是“牲猪”?

——广东深圳　严怀仁

答:生猪即活猪。“生猪”一词多用于养殖业，比如“生猪价格持续上涨的主要原因是市场供应不足”，“今年生猪存栏数比去年明显减少”。养殖的生猪不论公母，一般出生不久即被阉割，专供食用。未阉割的猪长肉不多且脾气暴躁，其肉用价值不及阉猪，一般专用于交配以生产后代。

“牲”可统称家畜，如“牲口”“牲畜”；古时又特指供祭神用的牲口，"牲猪"即专指用于祭祀的猪。

供食用的"生猪"是不能写成"牲猪"的。

"箴言"与"真言"有区别吗？

问："反腐倡廉十六字真言"这个提法对吗？"箴言"和"真言"有没有区别？

——黑龙江 葛世雄

答："箴言"和"真言"，音同义不同。箴：本义是缝衣的工具，因为其形状是尖的，故可以用来刺、扎，并由此引申出劝告、劝诫义。箴言，即规谏劝诫之言。查《汉语大词典》，"真言"有三解：一指佛教经典的要言秘语；二指咒语；三指口诀、要语。欧阳山《金牛和笑话》："他传授了一套游击战法，有十六个字的真言，能打退日本。"可见，"真言"并无"劝诫、劝告"义。"反腐倡廉"带有明显的"规谏劝诫"意味，所以正确的表达应是"反腐倡廉十六字箴言"。

"双筒洗衣机"还是"双桶洗衣机"？

问：生活中经常使用的洗衣机，有一种叫"双tǒng洗衣机"。请问这里的tǒng应该写作“桶”，还是“筒”？

——广东深圳　冉小毅

答：“双tǒng洗衣机”写作“双筒洗衣机”比较好。“桶”与“筒”在古汉语中有交叉使用的现象，但在现代汉语中，“桶”与“筒”逐渐有了比较明确的分工。“桶”强调的是对象盛东西的功用，如“水桶”“汽油桶”，凡是称作“桶”的东西，都是相对独立完整的一个器具。“筒”的本义指粗大的竹管，组成词语时，则多强调对象的形状像管子，比如“筒裤”“筒裙”“筒子楼”等。“筒”还常用来指称物体的某一筒状部分，比如“笔筒”“烟筒”，这是它和“桶”字用法的一个显著区别。洗衣机的内筒是洗衣机的组成部分，故“双tǒng”写作“双筒”比较妥当。

“汲取”和“吸取”有何不同？

问：常听人说“吸取教训”，也有人说“汲取教训”。那么，这两种说法是否都是正确的？

——上海　柳和和

答：两种说法都可以，并无正误之分。不过“汲取”比“吸取”书面语色彩浓一些，也显得更庄重。“汲”念作jí，《说文解字》说“引水于井也”，本义指取水，引申为吸收、吸取。从汲水这一动作可以推想到，“汲取”是需要花费一番力气、精力才可获得的。“吸”本指用嘴、鼻或管道装置把液体、气体等摄取进去，力量上显然不用像“汲”那么大。因而，“汲取教训”就比“吸取教训”显得更努力、更认真一些。

“告知”还是“告之”？

问：请问“值班中遇到紧急情况，必须立即告之集团领导”中的“告之”，是否要改成“告知”？“广而告之”中的“告之”应该怎么理解？

——云南建水　李立龙

答：“告之”不是一个词语，而是一个临时组合，经常出现在四字格短语中，“广而告之”便是一例。这时的“之”，是一个指示代词，它的后面不能接宾语。类似的短语还有“姑妄言之”“听之任之”等。

“告之集团领导”不通，要改成“告知集团领导”。“告知”是一个词语，意思是告诉使知道，后头接表示人或事的词语作宾语，如“把考试成绩告知父母”，又如“行政机关应当告知当事人有关处罚的事实、理由及依据”。

“鄙人”还是“敝人”？

问：谦词中有“鄙人”一词，但报刊中常作“敝人”。“敝”是一个别字吗？

——北京　李丹

答：“鄙”是粗俗、浅陋的意思，“敝”是破旧、破烂的意思。确实有人认为“敝人”的“敝”是个别字，因为人不能称为破人、烂人；但考之语用实践，“敝人”的用法还是有的。比如鲁迅先生就曾说过：“敝人向来最赞成一切牺牲，也最乐于‘成人之美’。”

“鄙人”和“敝人”用作谦称，可以算作读音稍有不同的异形词。不过，我们提倡用“鄙人”。鄙人、鄙意、鄙见……“鄙”都是直接讲述自己；敝校、敝室、敝帚……则是讲述和自己有关的事物。两者区别开来，有利于体现用字的系统性。

“国是”还是“国事”？

问：每年的两会期间，“共商国事”还是“共商国是”成了语言讨论的一个热点。请问哪一个说法正确？

——黑龙江佳木斯市　王木木

答：两个说法都可以。“国是”与“国事”都是名词，都指国家的政务、政事。但二者同中有差异。第一,“国事”既可以指对国家有重大影响的事情,也可以指一般的国家事务;“国是”则专指国家的基本国策、大政方针等方面的重大事务。语体色彩上看,“国事”在口语中经常用;而“国是”多用于书面语,有文言色彩,比较正式。人民代表到北京参加全国人民代表大会,讨论国家的大政方针,是一件庄重严肃的事,所以媒体报道时多选用“共商国是”。

“牟利”还是“谋利”?

问:“牟利”与“谋利”都有获得利益的意思,它们在使用上怎么区别?能否互换?

——河南洛阳　郑米科

答:“牟利”与“谋利”都是获取利益,但用法不一样。大体上来看,“谋利”的使用范围要大于“牟利”。

“牟利”一般指运用不正当甚至非法的手段取得利益,是一个贬义词,其贬义色彩来源于“牟”字。在古代汉语里,“牟”通“蛑”,即蟊,是一种吃禾苗根的害虫;引申作动词用,比喻贪婪地获取、不择手段地侵夺。《汉书·景帝纪》:“渔夺百姓,侵牟万民。”

“谋利”则是一个中性词,意思是运用各种手段,如知识、技能、经验等获得利益。其行为可以是正当的,也可以是非正当的。

相似的两个词语是“谋取”与“牟取”。“牟取”的感情色彩与“牟利”一样，是贬义的，如“牟取暴利”；“谋取”则是中性的，可以是正当的，也可以是非正当的。从适用范围看，“谋取”涵盖了“牟取”。

“蟊贼”与“毛贼”有何区别?

问：自从北京故宫文物展品被窃事件曝光以后，“毛贼”便在各大媒体上频频出现。请问“毛贼”与“蟊贼”有何区别?

——浙江台州　李桂发

答：“蟊贼”和“毛贼”都是指对社会有危害的人，词义轻重有差异：前者词义重，比较庄重；后者词义轻，口语气息浓。

“蟊贼”出现得比较早，本谓吃禾苗的两种害虫。《诗·小雅·大田》：“去其螟螣，及其蟊贼。”毛传：“食根曰蟊，食节曰贼。”比喻严重危害人民或国家的人。相对于危害很大的蟊贼来说，那些危害不大、小偷小摸的贼，就是“毛贼”。“毛”就是小、微不足道的意思，含有轻蔑的口气，因此“毛贼”也经常称作“小毛贼”。旧时封建统治者亦用“毛贼”来蔑称农民起义军，如清孔尚任《桃花扇·抚兵》：“那李自成、张献忠几个毛贼，何难剿灭？”

“精简”与“精减”有何区别?

问: 表示减少这个意思,汉语里有“精简”与“精减”两个说法。请问这两者在使用上有何区别?

——四川宜宾　张艺名

答:“精简”和“精减”都是动词,是一组近义词,虽然都含有减少的意思,但在用法上有所不同。

“简”,简化、使简单;“精简”,指经过调整,去掉多余的,留下必要的,比如“精简机构”“精简内容”“精简程序”等。“减”,从总体或某个数量中去掉一部分;“精减”,指经过挑选,去掉或减少不必要的,比如“精减300名员工”。两个词语的侧重点有所不同:“精简”侧重的是经过调整后,机构、内容等的简化,由原先的繁复、冗杂变得精干、精练;“精减”侧重的是经挑选后数量的减少,而原先的架构、层级可能没有变动。

“合家”还是“阖家”?

问: 在节日里相互祝福时,人们常会说:“祝您hé家安康!”请问这个“hé家”应该写作“合家”还是“阖家”?

——上海　钟一善

答：“合家”与“阖家”都可以写，用字虽不同，但在这里所表达的意思是一样的，均指全家、家中的所有人。先看“合家”。“合”，本谓闭、合拢，引申指会合、统一，再引申指“整个、全部”，如“合村”“合府”“合宅”等。再看“阖家”。“阖”，形声字，从门、盍声，本义是门扇。因门扇有闭合作用，故引申可指闭合这一动作，如“小王的眼皮阖了几阖”；房屋的门关闭之后，房屋就成了一个与外界完全隔离的空间，故又引申可指全部、整个，如“阖屋子的人，都笑了起来”。

不过，在实际使用中，“合家”显得通俗，“阖家”显得典雅。

赵本山是小沈阳的“师傅”还是“师父”？

问：小沈阳很红火，一直是媒体报道的焦点。在说到他与赵本山的关系时，有的报纸说赵本山是他的“师傅”，也有报纸说赵本山是他的“师父”。究竟是“师傅”还是“师父”？

——河北　周舟

答：用“师傅”或“师父”都不能算错。

古时“师傅”主要有5个义项：①对老师的尊称；②对和尚、尼姑、道士等僧道人物的尊称；③对有技艺者的尊称；④太师、太傅或少师、少傅的合称；⑤对衙门中的吏役的称呼。“师父”义同“师傅”的①②③义项。也就是说，除了“师傅”的④⑤义项处，“师傅”与

“师父”是相互通用的。

在现代汉语中，“师傅”的①②④⑤义项消失，只留下③义项，表示对有某种技艺、技能的人的尊称，也称传授自己某种技艺、技能的人。“师父”也只留下两个义项：①表示对和尚、尼姑、道士等的尊称；②对有某种技艺、技能的人的尊称，也称传授自己某种技艺、技能的人。也就是说，在现代汉语中，尊称有某种技艺、技能的人或指传授某种技艺、技能的人，“师傅”“师父”都可使用。表示对和尚、尼姑、道士的尊称，只能用“师父”。

据说小沈阳曾下跪正式向赵本山行过拜师礼，赵本山正是给小沈阳传授技艺的人，小沈阳称赵本山“师傅”或“师父”，都是可以的。

“税负”与“税赋”有什么不同？

问：《现代汉语词典》《现代汉语规范词典》都只收录了“税负”，而没有“税赋”。请问“税负”与“税赋”有什么不同？

——湖北襄樊　郭一生

答：“税负”与“税赋”读音相同，意义有区别。在现代汉语里，“税负”即纳税负担，从语法上看，是偏正结构。如“车船税法不应加重税负和违背公平”。“税赋”即税，是国家向征税对象按税率征收的货币或实物。

不过，"税赋"在古代汉语和现代汉语里的意思不一样。在古代汉语里，"税赋"有两个意思：一是作名词用，指田赋，即旧时按土地征收的赋税。鲁宣公十五年(前594)"初税亩"是我国历史上记载的征田赋之始。以后或称"租"，或称"税"，名目累变；或收实物，或收银钱，时有不同，然历来为封建王朝的主要收入。二是作动词用，指征收田赋。比如，《韩诗外传》卷一："税赋繁数，百姓困乏，耕桑失时。"在现代汉语里，"税赋"是指税收，即国家凭借政治权力，按照法定的标准，向居民和经济组织强制地、无偿地征收用以向社会提供公共产品的财政收入。

"定做"还是"订做"？

问：我是一家网站的编辑，前几天编发的一篇稿子中有"订做"一词，有人说应改成"定做"，有人说不必改，争执不休。到底用哪个？

——上海　卢刚

答：改成"定做"比较好。

过去，在表示"约定""拟定"等意思时，"定"和"订"可通，因此汉语词汇中有一批以这两个字构成的异形词，如"制定"与"制订"、"定金"与"订金"、"定货"与"订货"、"定婚"与"订婚"，等等。

后来我国的《民法通则》和《担保法》赋予"定金"法律意义，指一方当事人为了保证合同的履行，向对方当事人给付的一定数量的款项，具有担保和证明合同成立的作用，给付定金的一方不履行约定，无权要求返还定金，收受定金的一方不履行约定，应双倍返还定金。而“订金”则没有担保债权的作用，仅相当于预付款，如当事人主张相关权利，法院不予支持。这样一来，“定金”与“订金”就分化成两个词。这也促成了“定”与“订”含义的分化：“定”强调确定、不易更改；“订”则强调有一定的不确定性、有可能发生变化。这个分化，主要带来了两个结果。

一、促使含“定”和“订”的异形词分化成含义不同的两个词。比如“制定”与“制订”本来是异形词，现在分化成两个词：国家方针、政策、法律、制度等，具有确定、不易更改的特点，即使要修改，也要经过一定的时间，启动复杂的程序，所以用“制定”；而一般的工作计划、方案等，则不具备这个特征，甚至可以随时改动，哪怕在执行、实施过程中，也可做出调整，所以用“制订”。“定购”与“订购”原来是异形词，现在出现了分化：商家之间约定购买某物，发生变化的可能性很大，所以用“订购”；国家对某些产品预先确定价格、数量等，统一收购，一般不会发生变化，所以用“定购”。等等。

二、促使含“定”和“订”的异形词加快进行词形选择。“定单”还是“订单”？“定货”还是“订货”？“定户”还是“订户”？这些词所涉及的事项，都不是板上钉钉的事，都有可能“变卦”，所以现在推荐使用后者。“订亲”还是“定亲”？现在推荐使用“定亲”。这是个传统词语，过去的婚姻是“父母之命，媒妁之言”，“悔婚”一般不为社会习俗认可。古汉语中，也多用“定婚”。等等。

现在回到卢刚先生的问题，“定做”还是“订做”？我们推荐前者“定做”，因为这个词所涉及的行为是指向厂家的，并且一般还附带了某些特殊要求，厂家按要求提供带有个性化的产品。一般，“定做”是不能毁约的，除非产品没达到要求。“订制”还是“定制”？我们推荐使用“定制”，道理与“定做”同。

“不止”还是“不只”？

问：我正在编辑一部书稿，其中有这样一个句子：“鲁迅先生不止写了大量的杂文，还写了很多篇小说。”一位同事说“不止”错了，应该是“不只”。我不能做出判断，您能否告诉我，到底应用“不止”还是“不只”吗？

——上海市宜君路　陆港

答：应该用“不只”。

止，即停止；不止，义为不停止，本作动词用。如“生命不息，战斗不止”“大笑不止”“流血不止”等等。也虚化为副词，表示超出某个数目或范围。如“这部电影我不止看过两遍”“她不止休息了一个星期”“他学钢琴已经半年，不止能弹一首曲子”“这种现象不止表现在青少年身上”等等。

不只，义为不但、不仅，作连词，常和“也”“还”“而且”等词搭配使用，连接分句，表示递进关系。“不只”所在的分句指出一层意思，“也”“还”“而且”所在的分句引出更进一层的意思。如“他不只说出了气候学上的一条规律，也道出了社会生活的一条哲理”“党八股不只空话连篇，而且装样子故意吓人”“老师批改作文，不只指出了立意、结构上的问题，连错别字也逐一改正”等等。

可见，作动词、副词用“不止”，作连词用“不只”。陆港先生所举的那句话中“不止”显然应改成“不只”，因为它与“还”搭配使用，连接分句，处在连词的位置。

“树立”还是“竖立”？

问：我是一家报社的编辑，准备刊发的一篇稿子中有这样一句话：“他为我国的教育事业竖起了一座丰碑。”编辑部发生争执，有人认为“竖起”错了，应该用“树起”。到底应该怎样用？

——北京市丰台路　张奇峰

答：推荐使用“树起”。

这个问题，其实《咬文嚼字》杂志在2007年第4期回答过，但一直有人打“热线”咨询。在此，我们稍微调整分析角度，再次回答，希望对大家有帮助。

竖，本义为立，即让躺着的东西直立起来，用古人的话说就是“起偃（卧伏）为竖”。如：毛发尽竖、把旗杆竖起来、一块金字大招牌竖在店门前、竖起大拇指等等。树，本义为木本植物的总称。引申指栽种、培养，如：十年树木，百年树人。进一步引申指建立。如：树雄心、树典型、树榜样等等。

“竖”与“树”的用法本来“泾渭分明”，“井水不犯河水”。然而，大约从汉代起，作动词用时，“树”和“竖”通用起来。如《汉书·王莽传》“自树立外堂上”，颜师古注：“树，竖也。”《说文系传·木部》：“树之言竖也。”也就是说，自汉代起，原本用“竖”的地方基本都可以写成“树”。这样一来，“竖”与“树”便纠缠在了一起。

现代汉语中，倾向让“竖”“树”分离，各归本位：表示“让躺着的东西直立起来”用“竖”；表示“建立”用“树”。两字其实很容易分辨。“竖”的意义很具体，与其搭配的是看得见、摸得着的具体对象；“树”的意义较抽象，与其搭配的多是抽象对象。例如：是“墓前竖起一块碑”而不是“墓前树起一块碑”，是“庙前竖立着一根旗杆”而不是“庙前树立着一根旗杆”；是“树立先进形象”而不是“竖立先进形象”，是“树典型”而不是“竖典型”。还有一个特点也值得注意：“树”的意思是“建立”，凡是倾力“建立”的对象应都是人们所期望的，所以跟“树”搭配的大都是值得肯定的、值得推崇的对象，如“新风尚”“榜样”等。

那么，“他为我国的教育事业竖起了一座丰碑”中“竖起”到底用得对不对呢？

历来有两种看法。一种看法认为，“丰碑”即高大的石碑，是看得见摸得着的具体对象，所以用“竖起”。另一种看法认为，“丰碑”虽然是具体对象，但这里用的比喻义，指的是不朽的功绩，意义其实是抽象的，所以使用“树起”。这两种看法其实都有道理，以致许多人把它们当异形词处理，认为两种用法都对。以前我们也持这种观点。不过，现在倾向采纳后一种观点用“树起”，因为古代在表达类似意思的时候大都选择“树”字，如“树碑立传”。

另外，在和“旗帜”“大旗”“标杆”等等语词搭配时，跟这种情况完全相同。有些人认为，应该选择“竖”，如“竖起革命旗帜”“竖起环保大旗”“为青年人竖起了标杆”等等，因为“旗帜”“大旗”“标杆”等语词的语义是具体的。有人认为，应该选择“树”，因为类似说法用的都是这些语词的比喻义，语义是抽象的。过去，这两种用法并存。现在同样倾向用“树”，因为古代在表达类似意思的时候，大都选择“树”字，如“独树一帜”。

“主人公”还是“主人翁”？

问：我是一家网站新闻频道的编辑，一篇稿子中说“人民是当家做主的主人公”，其中的“主人公”是不是要改成“主人翁”？

——上海市宜君路　卢刚

答：要改。

由于“翁”和“公”意义相通，都可尊称老年男子，所以在古代汉语中，“主人公”和“主人翁”意思基本相同，都用来指主人或对主人的尊称。

在现代汉语中，“主人公”和“主人翁”词义出现了较大变化。

主人翁有两义：一指当家做主的人，如康有为《列国游记·德国游记》："德人和最繁盛，盖实与罗马代兴而为欧洲主人翁也。"二指文艺作品中的中心人物。梁启超《告小说家》："柔靡者浸淫于目成魂与逾墙钻穴，而自比于某种艳情小说之主人翁，于是其思想习于污贱龌龊。"主人公，同"主人翁"第二义，指文艺作品中的中心人物。鲁迅《二心集·上海文艺之一瞥》："这些书里的主人公，不再是才子+呆子，而是在婊子那里得了胜利的英雄豪杰，是才子+流氓。"

可见，在指"文艺作品中的中心人物"时，既可以用"主人翁"也可以用"主人公"；在指"当家做主的人"时，只能用"主人翁"，不能用"主人公"。

"以往"和"已往"有区别吗？

问：我是贵刊的忠实读者，对文字运用十分"痴迷"。想请教一个问题：在现代汉语中，"以往"和"已往"有区别吗，是"今天的农村跟以往大不同了"还是"今天的农村跟已往大不同了"？

——山东　张骏鹏

答：从汉语史看，"以往"早于"已往"，前者最早见于先秦，后者最早见于晋朝。

古代汉语中"以往"相当于现代汉语中的"以后"，指"现在或说话时刻或某个特定时刻之后的时期"，指向"将来"，如"酒酣以往，高渐离击筑，荆轲和而歌于市中”（《史记·刺客列传》），“酒酣以往”显然指“酒酣之后”。

古代汉语中“已往”最早相当于现代汉语中的“以前”，指“现在或说话时刻或某一特定时刻之前的时期”，指向“过去”。如“悟已往之不谏，知来者之可追”（陶渊明《归去来辞》），“已往”与“来者”相对，显然指“过去”的时间。不过，大约自南北朝时，“已往”也可用作“以往”，相当于现代汉语中的“以后”。如“今日已往，天下定矣”（《后汉书·吕布传》），“今日已往”显然指的是“今日以后”。

可见，在古代汉语中，在表示时间时“以往”和“已往”有纠缠，它们都可以用作“以后”，但“已往”还可以用作“以前”。

在现代汉语中，“以往”在古汉语中的用法消失，不指“以后”了，转而表示“以前”。而“已往”仅保留一义，表示“以前”，其“以后”的用法也消失了。也就是说，在现代汉语中，“以往”和“已往”都表示“过去”的时间，相当于“以前”。以往，《现代汉语词典》“名从前；以前”，《现代汉语规范词典》“名以前；过去”。已往，《现代汉语词典》“名以前；从前”，《现代汉语规范词典》“名已经过去的时间”。《现代汉语词典》用“从前”“以前”两词为“以往”和“已往”释义，仅排列顺序不同。《现代汉语规范词典》似乎有意用不同的词句对“以往”“已往”进行释义，但意思也是一致的。

可见，在现代汉语中，“以往”和“已往”其实就是一组异形词，意思完全一致。不过，到目前为止，《现代汉语词典》《现代汉语规范词典》都没有承认“以往”和“已往”之间的异形词关系。国家相关部委于2001年12月发布的《第一批异形词整理表》以及中国版协校对研究委员会、中国语文报刊协会、国家语委异形词研究课题组及《咬文嚼字》编委会联合整理的《264组异形词整理表》（2003年8月发布），都没有收录这组词。我们建议相关部门对这组词进行整理。

究竟以哪个词形为推荐词形呢？下面是我们的一点想法，现提出来与大家讨论。

在表示“以前”“过去”的时间概念时，“已往”虽然早于“以往”，似乎“资格”老一点，但从“系统性”原则考虑，推荐“以往”合理一些，因为“以前”“以后”用的都是“以”。

“揽胜”还是“览胜”？

问：前不久，见到一篇介绍位于千岛湖中心湖区状元半岛上梅峰风景的文章，标题是《梅峰揽胜》。有人说，这里的“揽胜”应该写作“览胜”。到底是“揽胜”还是“览胜”？

——浙江千岛湖　章慧明

答：我们认为，用“览胜”固然可以，但用“揽胜”也不能算错。

揽，本指持、把持，即把某物握在手中。《释名·释姿容》：“揽，敛（聚集）也，敛置于手中也。”现代汉语中的“揽总”“独揽大权”中的“揽”，就是此义。引申指采摘、摘取。《楚辞·离骚》：

“朝搴阰之木兰兮，夕揽洲之宿莽。”王逸注：“揽，采也。”这种用法在现代汉语中，也很普遍。如毛泽东《水调歌头·重上井冈山》：“可上九天揽月，可下五洋捉鳖。”

古代汉语中有“揽胜”一词，字面意思是“采胜”，即“采集美好景色”，比喻“观赏美景”。如清代俞蛟《潮嘉风月记·丽品》：“游于滇楚，临流揽胜，慷慨悲歌，久之赋归。”由于“胜”和“秀”意思相近，古汉语中也常用“揽秀”指“观览美景”。如元代李季、丁复《同永嘉李季和望钟山联句》：“揽秀目颙颙，讨幽心养养。”

不难发现，在实际语用中，人们用的是“揽胜”的比喻义“观赏美景”，而不是其字面意思“采集美景”。也许正应为如此，在现代汉语中，人们多倾向以“览”替“揽”，直接用“览胜”表示“观赏美景”。览，意思即“观赏”。《现代汉语词典》未收“揽胜”，“览胜”条目释义为：“观赏胜景或游览胜地：黄山览胜。”《现代汉语规范词典》“揽胜”“览胜”都列入词条，但以“览胜”为“主条”，释义为：“观赏或游览胜景、胜地：庐山览胜。”而“揽胜”释为：“现在一般写作‘览胜’。”

可见，古汉语中用“揽胜”，现代汉语中多用“览胜”，从词源上看，“揽胜”比“览胜”资格老。在表义上，二者其实也略有不同。“揽胜”虽然表示“观赏美景”，但受“揽”的影响，词义上也多少含有对美景主动“采集”之义。而“览胜”只表示“观赏美景”。二者的修辞效果也不一样，“揽胜”比较含蓄，而“览胜”比较直接。

我们认为，“揽胜”与“览胜”并非全等异形词，目前让二者同时并存，让人们自由选择使用，比较妥帖。

“汇聚”和“会聚”有何区别?

问: 编辑同志, 我是贵刊忠实读者, 想请教一个问题, “汇聚”和“会聚”在用法上有区别吗?

——北京　李向阳

答: 当然有区别。

“汇”的繁体字本为“匯”, 是个形声字, 从匚, 淮声, 本指古代的一种器物。这种器物大概作“聚集”物品之用。后来“匯”又常指河流相会合。并进一步引申指聚集、综合等。也许正因为常用以指“河流相会合”, 后来“匯”中的三点水被移到“匚”的外面, 写成了“滙”, “水”成为这个字的形符。简化字颁布实施, “滙”被简化成“汇”, 也是个形声字, 从水, 匚声。

“会”的繁体字为“會”, 象有盖子的食器之形, 指盖子。引申指聚集、会合、集合、符合、相聚等义, 进一步引申指人与人相遇、会面、聚会、会盟等。后来, 人们为一定的目的而成立的团体或组织, 也称“会”, 如工会、农会、学会等等。

“汇”和“会”都有“聚集”之意义。由于人与人见面、碰头、聚集常用“会”, 因此在具体的运用中出现了一个倾向: 用于“人”时多用“会”, 用于“物”时多用“汇”。如“人们很快就从四面会聚到广场上”“无数条小溪汇聚成一条大河”等等。

可见, “会聚”和“汇聚”的区别就是, 前者常用于“人”, 而后者常用于“物”。

“违反法令”还是“违犯法令”？

问：我是一份法制报纸的编辑，经常遇到“违反”“违犯”俩词，但常弄混。这两个词究竟如何区别？到底是“违反法令”还是“违犯法令”？

——北京　尹忠明

答：“违反”和“违犯”前一个构词语素都是“违”（即“背离”“不遵从”），区别在后一个构词语素，前者是“反”后者是“犯”。辨析这两个词，关键还得弄清俩词中“反”和“犯”的区别。

反，本义即翻转，引申指调转、颠倒、返回、归还、回报、报复等。进一步引申指违背。《国语·周语下》“日反其信”，韦昭注：“反，违也。”

犯，本义即侵犯，引申指突袭、损害、触犯、冒犯等。进一步引申指违背。《周礼·夏官·大司马》“犯令陵政”，郑玄注：“犯令者，违令也。”

可见，“反”和“犯”都是“违背”之义，在语义上，“违反”和“违犯”都由同义语素构成，没有明显区别。“违反”和“违犯”的区别在语用上。

梳理语料不难发现，“反”和“犯”虽然都有“违背”之义，但在实际语用中，和法律、法规、禁令等搭配时，只用“犯”而不用“反”。比如古今汉语中，都只说“犯法”“犯禁”“犯命”，而不说“反法”“反禁”“反命”（古汉语中虽然有“反命”一词，但意思是“复命”之义，与讨论话题无关）。并且，和“犯”搭配的对象，如法律、法规、禁令等，大都是见于文字的“明文”，有明确的文字记载。

正因为“反”“犯”的这一语用区别，在实际运用中，和法律、法规、禁令等搭配时，倾向用“违犯”而不用“违反”。比如，一般说“违犯劳动合同法实施条例”“违犯刑法”“违犯法条”“违犯禁令”等，而很少说“违反劳动合同法实施条例”“违反刑法”“违反法条”“违反禁令”等。除法律、法规、禁令等以外，其他对象则多用“违反”。如常说“违反规律”“违反常规”“违反习俗”等，很少说“违犯规律”“违犯常规”“违犯习俗”等。

“摘抄”还是“摘钞”？

问：经常看到一些图书以“钞”为名，如《北堂书钞》《宋稗类钞》《章太炎文钞》《革命诗词摘钞》等等。这些“钞”用得对吗，要不要改成“抄”？

——四川成都　彭尹川

答：“钞”和“抄”的区别，我们早在2008年第9期就刊文谈过，但还是常见有人弄混。有鉴于此，我们在此“旧事重提”，再谈一谈。

“钞”出现稍早，《说文》中有“钞”而无“抄”，“钞”字下释义为：“钞，叉取也。”可见，“钞”是一个动作，所用工具多为金属制造，故字从“金”。后引申指抢掠。进一步引申指誊写等等。不管是叉取，还是抢掠，或者誊写，都离不开“手”，所以稍后又出现了从“手”的“抄”。文字学界，一般把“钞”看作正体，把“抄”看作俗体。在古汉语中，“钞”和“抄”的出现频率，基本上是“半斤对八两”，不相上下。

后来，“钞”又从“誊写”引申指经过誊写、选录而成的集子。夏丏尊、叶圣陶《文心》二五：“古今人所作的笔记，真是数也数不清……书名有的就叫什么‘笔记’，有的叫什么‘随笔’，有的叫什么‘录’，有的叫什么‘钞’。”在此义项上，偶尔也写作“抄”。据《汉语大词典》，《南史·王僧孺传》中就出现过《百家谱集抄》十五卷、《东南谱集抄》十卷等。不过，作“钞”居多。此义项《汉语大字典》“钞”字下有，而“抄”下未列。《现代汉语词典》“钞”字下有“选取；选编（多用于集子名）”义项，并有“《革命烈士诗钞》”例，而“抄”字下未有此释义。

可见，在用作集子名或书名时，“钞”和“抄”都有用例，但“钞”的用例比较多，倾向于用“钞”。我们认为，让“钞”“抄”分工，做动词表示“抓”“取”“誊写”“抄写”等义时用“抄”，而做名词表示集子名称等义时用“钞”，是比较合理的处理。比如，用作动词表示摘要抄录用“摘抄”，用作名词表示书名、篇名则用“摘钞”。

“值勤”还是“执勤”？

问：“大街上有一名执勤警察在处理一起突发交通事故……”，

这是我最近正在编发的一部书稿中的一个句子，其中的"执勤"用得对吗，要不要改成"值勤"？

——四川成都　彭华

答：在这个句子的语境中，用"执勤"可以，不必改动。

在古汉语中，我们没有查到"值勤"，但"执勤"很多，意思是从事、劳作，如《后汉书·班超传》："班超，为人有大志，不修细节。然内孝谨，居家常执勤苦，不耻劳辱。"这显然与现在人们常说的"执勤"不是一回事。

在现代汉语中，"执勤"和"值勤"是一对动宾结构的近义词。"勤"指勤务，即公家分派给的某些事务，这是"执勤"和"值勤"共同的名词性宾语语素。区别在动词性构词语素上，一个是"执"一个是"值"，而这正是这对近义词词义细微区别产生的主要缘由。

执，即执行、从事。执勤，即执行勤务，如：战士们在江边执勤。值，即在轮到的时间内从事某项工作。值勤，指在轮到的时间里处理勤务（即值班），如：交通要道上有警察值勤。这两个词都多用于部队中的人员或负责治安、保卫、交通等工作的人员。

现实生活中，其实存在两种性质的勤务。绝大部分勤务是日常的，由人轮流负责，承担这种勤务，就是值班，即值勤；而有些勤务是突发的、偶发的，临时机动指派人员负责，承担这种勤务，不属值班性质，则只能称作执勤。这就是汉语中既有"值勤"又有"执勤"的理据。说到底，用"值勤"的地方，基本上都可以用"执勤"来替换，只是语义侧重点略有区别；但用"执勤"的地方，不一定能用“值勤”来替换，如属值班性质也可说“值勤”，否则只能是“执勤”。

彭华先生所说的上述语句中，处理突发交通事故的警察，无疑是在执行勤务，称他（或她）“执勤警察”没有问题。如果他（或她）是在值班的过程中处理这起交通事故的，称他（或她）“值勤警察”也可以；如果是临时机动来处理这起事故，此行为的发生并不是在他（或她）值班的时间和地点，则称他（或她）“执勤警察”比较准确。

“建置”还是“建制”？

问：我在校对本地村史稿件的过程中，碰到了“建zhì沿革”的说法。很多作者都写成“建置”，但是我认为应该写作“建制”。在村的建立方面，是用“建制”还是用“建置”，还是都可以使用？

——浙江嵊州　周国梁

答：“建置”与“建制”两词，看具体语境，选择使用。

“建置”一词，作动词时，指建立、设置。如《汉书·武五子传赞》：“后遂命将出征，略取河南，建置朔方。”又如郭沫若《十批判书·古代研究的自我批判》：“古时所谓‘国’本是等于部落的意思，所谓‘封建藩卫’也不过是建置大小不等的各种殖民部落而已。”作名词时，指所建立、设置的设施、机构等。冯自由《中国教育会与爱国学社》："然敝会同志无权无势，一切建置皆白地起造，无有凭借。"在古代文献中，我们也能找到"建置"与"沿革"一同使用的例子。如《明史·卷四十》："府州县建置沿革，俱自元始。"清江上蹇叟《通番之始》："若其地理之分合，建置之沿革，则均不详也。"

而建制，在现代汉语中是一个名词，指机关、军队的组织编制和行政区划等制度的总称，是指制度。杜鹏程《保卫延安》第四章："周大勇知道建制被打乱的敌人，就失去了战斗力量。"

村的建立方面，如果侧重制度的变化，那么可以使用"建制"；如果侧重设施、机构设置的变化，那么可以使用"建置"一词。

"秘语"和"密语"有何区别?

问：在网上常看到"秘语"，如"星座秘语"，但是查词典却没有"秘语"，只有"密语"。请问能说"秘语"吗？如果可以的话，"秘语"和"密语"的区别是什么？

——北京　王景

答：可以说"秘语"，"秘语"与"密语"的含义不同。

先说"密语"。"密"从山，本指像堂屋一样的山。段玉裁《说文解字注》："谓山。假为精密字而本义废矣。""密"字被假借以表隐秘之事、慎密、秘密等义。词典中收录有"密语"一词，义为说秘密的话、秘密交谈、暗语等等。如《三国演义》第三十四回回目《蔡夫

人隔屏听密语　刘皇叔跃马过檀溪》，“隔屏听密语”听的就是秘密交谈的话语。又如王在邦《一个意志一条心》：“接着，团长便用密语命令我们，晚上十一点，向‘五三七·七’高地四号阵地举行反击。”这里的“密语”相当于“暗语”，即隐秘的通信用语。

再来说“秘语”。“秘”表示不可测知的、神秘的。“秘语”一词就是指神奇的、含义深奥的话语。如问题中提到的“星座秘语”，就是说与星座有关的、一般不公开的话语。网络媒体谈论有关星座的相关话题，如以星座测运势、分析性格时，会使用“星座秘语”一词来指分析结果、规律等。尽管“秘语”未被词典收录，但从语义上可以理解，实际生活中也常有使用。所以，说“秘语”是没有问题的。

“秘语”与“密语”在语义上是存在区别的。二者的区别，其实就是“秘”与“密”的区别。《咬文嚼字》2005年第10期曾刊登过一篇《说“秘”道“密”》，对“秘”与“密”的语义做了辨析。文章认为“秘”“密”二字在指隐蔽性上，意义相近，侧重点不同：“秘”是与鬼神之事相关，强调不可知，内容本身有神秘感，别人不容易发觉、洞察；“密”则是隐蔽内容，有意隐瞒。比较“密语”和“秘语”，“秘语”指带有神秘色彩的话语，有不可测知性，如“星座秘语”就带有神秘色彩，是不可知的，暗含着与星座有关的话语内容是人们难以发觉、了解的；而“密语”则是说话人有意不让人知道，如“密语”可表示暗语义，即以数字、字母、单词等代替真实的通信内容，使用“密语”的人是有意不让人了解说话内容。

唐僧为什么又称“唐三藏”？

问：孩子读《西游记》，问我一个问题：为什么唐僧又称“唐三藏”。我说不清楚，特向贵刊求援。

——山西大同　张永年

答：唐僧本名玄奘，他是中国四大译经家之一，法相宗的创始人。小说《西游记》中，因玄奘是唐代高僧，称他为“唐僧”。“三藏”则是佛教中的一种称呼。

“藏”是由梵文翻译过来的，本意是指盛放东西的竹筐，佛教用来总称佛教典籍，和“全书”的意思相近。“藏”共分三个部分，一为“经藏”，二为“律藏”，三为“论藏”，合称“三藏”。在佛教史上，凡是通晓“三藏”的僧人，便被称为“三藏法师”。唐僧便是其中之一。“唐三藏”是对他的一种尊称。

“青”是什么颜色？

问：过去我把“青睐”写成“亲睐”，误以为是一种亲切的眼神。现在字是写对了，但脑子里总有一个疑问：青是绿颜色，眼睛怎么是绿的呢？查查《现代汉语词典》，“青睐”释为“青眼”，我的疑问还是没有消除。你们能告诉我吗？

——浙江嘉兴一中学生

答:“青”字确实容易让人上当,其实,在不同语言场合,“青”字表示的颜色是不一样的。比如,“青青河边草”,这里的“青”指翠绿色无疑;韩愈的“青天白日映楼台”,“青天”显然是指蓝天;李白《将进酒》中的名句“君不见高堂明镜悲白发,朝如青丝暮成雪”,“青”当理解为黑色;此外,“青”还可指白色呢,如“鸡叫头遍,天已发青”。

那么,“青睐”的“青”是什么颜色呢?黑色。所谓“青睐”,是指用黑眼珠看人,传达一种喜悦或器重的情感态度。这里的“睐”是动词。《现代汉语词典》释“青睐”为“青眼”,可能和阮籍的“青白眼”有关,但确实说得不够清楚,且容易引起误解。新版本的《现代汉语词典》已经注明:“青:指黑眼珠;睐:看”。

天子“青衣”啥颜色?

问:《礼记·月令》中说,古代天子衣服的颜色随季节而变换,春季为“青衣”,夏季是“朱衣”,秋季乃“白衣”,到冬季则为“黑衣”。查《现代汉语规范词典》,说“青衣”即黑色的衣服,且多为地位低下的婢女、差役等所穿。我想请教,天子于春天所穿的“青衣”是黑色的吗?

——江苏　成紫斌

答:“青”这种颜色,其内涵是很丰富的。它可指绿色,如“青草”“青苗”;可指蓝色,如“青天”“青筋”;还可指黑色,如“青丝”“青布”。我们常见的“青衣”，指的是青布所制的衣服，自然是黑色的。“青衣”在传统戏曲中特指青衣旦，是旦角的一种，因大都穿黑色衣衫而得名。然而，古代帝王的春服，却并非黑色的。《礼记·月令》中说“孟春之月”，“天子居青阳左个。乘鸾路，驾仓龙，载青旗，衣青衣，服仓玉”。鸾路即鸾辂（lù），天子王侯所乘之车。青阳，古代天子明堂的向东的房间。左个，左边的偏室。这里所说的颜色——“苍”（“仓”通“苍”）和“青”，都是春天的颜色，是指草木初生的绿色。春天万物生长。天子所为，“皆所以顺时气也”，其衣食住行均不会离开这个主题，所着“青衣”也是生命的颜色——绿色。

“引车卖浆者”卖的是什么“浆”？

问：古汉语研究生考试，其中有一道题要求解释“引车卖浆者流”中的“浆”字。不少考生的答案是豆浆，老师却说应是凉水。请问到底卖的什么“浆”？

——四川师大文理学院　伍旭连

答：“引车”“卖浆”见于《史记》。“引车”者，苦力也；“卖浆者”，小贩也：他们从事的都是当时卑贱的职业。据《周礼·天官·酒正》，有“四饮之物”：“一曰清，二曰医，三曰浆，四曰酏。”“浆”是其中之一。孙诒让在“正义”中说：这种“浆”“盖亦酿糟为之，但味微酢耳”。《汉语大字典》等工具书中，都说“浆”是“古代一种酿制的微带酸味的饮料”。那么“卖浆”者是否卖的就是这种饮料呢？很有可能，但又不能坐实。这是因为，“浆”又可泛指较浓的汁液，如豆浆、米浆之类。在古汉语中，“凉水”也可称“浆”，但卖凉水的可能性要小一点。

“鹳雀楼”还是“鹳鹊楼”？

问：我在小孩的语文课本中看到了王之涣的五言绝句：“白日依山尽，黄河入海流。欲穷千里目，更上一层楼。”课本将诗题标作“登鹳鹊楼”。请问这里的“鹊”要不要改成“雀”？

——江苏连云港　张玉廉

答：“鹳雀楼”和“鹳鹊楼”两种写法历来都有。据记载，此楼系唐代名胜，在山西永济市（唐代属于河中府）西南的黄河高阜处，因时有鹳雀栖息其上，遂名。后为河水冲没。作为鸟名，“鹳雀”和“鹳鹊”两种写法都有，它们是同义异形词。鸟名异称，应该是楼名两种写法的根据吧。

不过，从目前比较重要的唐诗总集（如《全唐诗》）和唐诗选本（如《唐诗别裁》）来看，王之涣的诗题都作“登鹳雀楼”。另外，《全唐诗》中收录的唐代其他诗人如李益、许浑等写的有关鹳雀楼的诗，没有一首是将“雀”写作“鹊”的。有的选本至多在注释或按语中写上“雀”一作“鹊”。因此，我们认为“鹳雀楼”是首选名称。

《汉语大词典》也是这么处理的。

“不孝有三”是哪三种?

问:“不孝有三,无后为大。”请问,除了“无后”之外,另外还有哪两种“不孝”呢?

——四川　李彦清

答:“不孝有三,无后为大”是封建伦理观。语本《孟子·离娄上》:“不孝有三,无后为大,舜不告而娶,为无后也,君子以为犹告也。”东汉赵岐在“无后为大”下面注曰:“于礼有不孝者三事,谓阿意曲从,陷亲不义,一不孝也;家穷亲老,不为禄仕,二不孝也;不娶无子,绝先祖祀,三不孝也。三者之中无后为大。”用白话文来解释就是:为人子女,一味顺从,见父母有过错而不劝说,使其陷入不义之中,这是第一种“不孝”;家境贫穷,父母年老,自己却不去谋求仕途用所得俸禄来供养父母,这是第二种“不孝”;不娶妻生子,导致家族断了香火,这是第三种“不孝”。

“酒过三巡”的“巡”怎么理解?

问:描写喝酒的场景时,常说“酒过三巡,菜过五味”。请问二人对饮，可否说“酒过三巡”？

——湖北武汉　杜凯

答：可以。关键是对“巡”字的理解。“巡”表示巡查、巡视，引申指逐个、依次。再引申当作量词用，表示“遍”。如王安石的诗歌《杖策》：“杖策窥园日数巡，攀花弄草兴常新。”“酒过三巡”意思就是“斟酒三遍”。二人对饮，一人给对方斟酒三次，自然可以说“酒过三巡”。汉语中已有这样的用例。清·吴璿《飞龙全传》第三回：“宾主二人，开怀对饮。酒过三巡，食过五味，匡胤即便离席。”中国文联出版社1999年版《包公案》第十七回：“随即叫人备下酒菜，二人把盏对饮起来。酒过三巡，包公道：‘国舅，在下前日受理一案……’”

“三宫六院”具体指哪些？

问：“三宫六院”一词总是被用来形容帝王嫔妃之多，究竟有没有实体的“三宫”和“六院”？

——江苏　吴恬

答：有。“三宫六院”原是故宫建筑群中北半块的建筑布局。故宫按“前朝后寝”规制，以乾清门为界，南为外朝，北为内廷，内廷是皇帝及后妃们起居生活之所，即所谓的“三宫六院”。内廷分东、中、西三路，“三宫”又称“后三宫”，即中路的乾清宫、交泰殿、坤宁宫。东、西两路各有六宫，“东路六宫”即斋宫、景仁宫、承乾宫、钟粹宫、景阳宫和永和宫；“西路六宫”为储秀宫、翊坤宫、永寿宫、长春宫、咸福宫和重华宫。因各宫均为庭院格局建筑，故称为“六院”。

怀孕何以称为“身怀六甲”？

问：为什么称女子怀孕为“身怀六甲”？这“六甲”是什么意思？

——河南　刘蕾

答：“六甲”指甲子、甲寅、甲辰、甲午、甲申、甲戌六个甲日。《隋书·经籍志三》中有《六甲贯胎书》，其中有这样的说法：“六甲乃上帝造物之日，是日杀生，上帝所恶。”传说中认为这六个甲日，是上天创造万物的日子，也是妇女最易受孕的日子，故称女子怀孕为“身怀六甲”。

“诛九族”和“株连九族”的意思差多少？

问：“轻则罚金挨板子，重则杀头诛九族”和“一人犯法，株连九族”，这两句话中一个用“诛”，一个用“株”，这是为什么？

——北京　齐爽

答：虽然宾语同是“九族”，但“诛”和“株”的字义是完全不同的。“诛”字的本义是指责、责备，后引申出讨伐、杀戮义。从秦始皇开始有了“族诛”法，先是“夷三族”，后由三族、五族一直到九族。“夷”和“诛”，都是灭杀的意思。株，植株。株连，是用植株茎蔓间的缠绕纠结，比喻一人有罪，牵连多人。株连九族，落脚点在“连”，可能杀，也可能只罚不杀，意在受到牵连；诛九族，动词是诛，即杀。“诛九族”那可就是必杀无疑了。

猪八戒的“八戒”指什么？

问：曾看到一篇谈“猪八戒”的文章，说猪八戒的“八戒”指“不杀生、不偷盗、不淫欲、不妄语、不饮酒、不眠坐高广华丽之床座、不装饰打扮及观听歌舞、不食非时食（正午过后不食）”。这种说法对吗？

——湖北　张敏

答：不对。佛教中有“八戒”，确实指的是“不杀生、不偷盗、不淫欲、不妄语、不饮酒、不眠坐高广华丽之床座、不装饰打扮及观听歌舞、不食非时食”，但猪八戒的“八戒”却不是这八戒。《西游记》第十九回中有这样一段话：

悟能道：“师父，我受了菩萨戒行，断了五荤三厌，在我丈人家持斋把素，更不曾动荤。今日见了师父，我开了斋罢。”三藏道：“不可！不可！你既是不吃五荤三厌，我再与你起个别名，唤为八戒。”那呆子欢欢喜喜道：“谨遵师命。”

可见猪八戒的“八戒”指的是戒除“五荤三厌”。“五荤三厌”是宗教信徒不准和不忍心食用的八种东西。五荤，即五辛，指五种辛味蔬菜，包括大蒜、小蒜、兴渠（形似萝卜，味如蒜）、慈葱、茖葱。道教把雁、狗、乌鱼作为不能吃的三种动物，认为“雁有夫妇之伦，狗有扈（随从）主之谊，乌鱼有君臣忠敬之心，故不忍食”。“厌”是不忍心食之的意思。“五荤三厌”是佛道二教的混合物。大家都知道，猪悟能虽称“八戒”，但他始终“戒”得不彻底，也“戒”得不情愿。

什么是“皓电”？

问：最近看一部有关“皖南事变”题材的电视剧，知道1940年10月19日，蒋介石命令何应钦、白崇禧向八路军正副司令朱德、彭德怀以及新四军军长叶挺、副军长项英发出“皓电”，命令接电报后我军一个月内全部撤到黄河以北。为什么这份电报称“皓电”？

——重庆　徐浩

答：这得先介绍一下我国历史上的一种电报纪日法——韵目代日。清政府开通电报之初，发明了一种新的纪日法，用地支代替月份，用韵目代替日期。这种方法在电报领域一直沿用到中华人民共和国建国初期，前后使用了70余年。历史上一些著名的事件也以此命名，如“马日事变”“文夕大火”等等。

韵目是韵书中韵部的标目，旧时读书人擅长填词作诗，对韵目相当熟悉。清人从韵目中挑选出三十个字作为日期的替代字，分别代表旧历的三十天。这三十个字是：东（一）、冬（二）、江（三）、支（四）、微（五）、鱼（六）、虞（七）、齐（八）、佳（九）、灰（十）、真（十一）、文（十二）、元（十三）、寒（十四）、删（十五）、铣（十六）、篠（十七）、巧（十八）、皓（十九）、哿（二十）、马（二十一）、养（二十二）、梗（二十三）、迥（二十四）、有（二十五）、宥（二十六）、沁（二十七）、勘（二十八）、艳（二十九）、陷（三十）。三十日按规定该用“陷”，但军队忌用，便用“卅”字代替。使用公历后，又添上一个韵目中没有的“世”（“世”字是“卅一”的合写）或“引”（像阿拉伯数字31）字来代表三十一日。

“皓”代表十九，1940年10月19日蒋介石命令何应钦、白崇禧向八路军正副司令朱德、彭德怀以及新四军军长叶挺、副军长项英发出的电报，故称“皓电”。

“绝妙好辞”的典故从何而来？

问：“绝妙好辞”这一典故很有趣，流传也广。不过其中的“齑臼，受辛也，于字为辞”这句话不太好理解。请帮我们解释一下好吗？

——江苏无锡　钱新伟

答:“绝妙好辞”见于刘义庆的《世说新语·捷悟》:“魏武尝过曹娥碑下,杨修从。碑背上见题作‘黄绢幼妇,外孙齑臼’八字。魏武谓修曰:‘解否?’答曰:‘解。’ 魏武曰:‘卿未可言,待我思之。’行三十里,魏武乃曰:‘吾已得。’令修别记所知。修曰:‘黄绢,色丝也,于字为绝。幼妇,少女也,于字为妙。外孙,女子也,于字为好。齑臼,受辛也,于字为辞。所谓绝妙好辞也。’”后来人们就用“绝妙好辞”来指称极其美妙的文辞。

“齑臼,受辛也,于字为辞”,这句话的破解之法确实有点曲折。“齑”,读jī,意思是捣碎的姜、蒜或韭菜碎末儿。《楚辞·九章·惜诵》洪兴祖补注:“捣姜蒜辛物为之。”而“臼”,读jiù,本义指中部下凹的舂米器具,后泛指一般的臼状物,如“药臼”“石臼”“捣臼”等。“齑臼,受辛也”,意思是说,用来制作齑的臼,是承受容纳辛物的。“于字为辞”的“辞”,原本写作“辤”。作为“辞”的异体字,“辤”现已废弃不用。明白了这一点,“齑臼,受辛也,于字为辞(辤)”这句话就好理解了。

离别之歌为何称“骊歌”?

问:我在读报时有时会看到“骊歌”这个字眼。根据语境,我大致能猜出它是“离别之歌”的意思。可是字典里说,“骊”是纯黑色的马,引申可指黑色。那么为什么把离别之歌称作“骊歌”呢?

——江苏南通　成紫斌

答："骊歌"在古汉语中已有使用，是"《骊驹》之歌"的省称。"骊驹"本是《诗经》中一首逸失的诗歌的篇名，该诗是古代告别时所赋的歌词，"客欲去歌之"。《汉书·儒林传·王式》记载说：王式应朝廷征召，被任命为博士（传授经书的职官），声望很高。博士江公妒忌王式，排挤他。在一次宴请王式的聚会上，江公故意对负责歌唱的诸生们说："唱《骊驹》吧。"意在敦促王式离开。后因以为典，以"骊歌"借指告别。

"季军"还是"殿军"？

问：在竞技比赛中，获得第一名、第二名和第三名的人，分别称为"冠军""亚军"和"季军"。不过，我以为第三名应该叫"殿军"。我的看法正确吗？

——四川仪陇　唐时俊

答：你的看法似乎不太妥当。"冠军""亚军"和"季军"的称谓，都是有理据的。"冠"（guān）本指帽子，"冠"（guàn）指戴帽子。因为帽子是戴在身体的最上部头上的，因而引申出位居第一、位居最前面的意思，"冠军"即缘于此。"亚"的本义是次一等的，相对于第一名而言，第二名就是次一等的，故曰"亚军"。"季"则来源于汉语特殊的排序文化。一年分春夏秋冬四季；每季三个月，按顺序，每个月分别被称呼为"孟、仲、季"，如"孟春""仲春""季春"。因而，“季”字就获得序数上第三的意思。“季军”的得名理据应该就在这里。

“殿军”本是一个军事术语，指古时行军时走在最后的部队，引申指竞赛中的最后一名，是十分生动、贴切的。“殿军”有时也指第四名，即进入半决赛的四个选手中的最后一名。用“殿军”来称呼比赛的第三名获得者，似乎从未听说。

投降为什么举白旗？

问：古时战败的一方常用举白旗的方法表示向对方投降，表示投降为什么要举白旗呢？

——重庆沙坪坝　张小英

答：这要说到有关古代军旗的一些知识。

据记载，中国最早的军旗上有熊虎图案，象征威猛。颜色也多样，有青、白、赤、黑、黄等。殷周时，各诸侯、将领，其军旗图案、颜色已各不相同。大都会用文字标写名号。军旗因此有了表示地位或身份的作用。《玉函山房辑佚书·礼纬含文嘉》：“旗者，旌旗也，所以别尊卑、序贵贱也。”最初，主帅的帅旗是白色的。周武王兴兵伐纣用的就是白旗。纣王被灭掉后，其头颅还被割下，悬挂在白旗上，后世称“悬首白旗”。

大约战国时期，白旗仅用作作战或演练时指挥士卒排兵布阵的信号旗，诸侯或将领用来标志自己名号、身份的旗很少是白色的了。这可能与当时人们的“白色”观念有关。在“五行”观念中，白代表阴，《大戴礼记·明堂位》王聘珍解诂：“白者，阴气。”白色因此成为丧事的专用色。《周礼·春官·保章氏》郑玄注引郑司农语：“白为丧。”办丧事时，白幛白帷，白衣白帽，白车白马，白旗白幡，全是白色。此俗一直延续至今。

根据史籍记载，公元前207年10月，刘邦兵临咸阳，屯兵霸上。子婴见大势已去，便“素车白马”，带着玉玺等到刘邦军前投降。“素车白马”是办丧事时所用的白车白马。子婴这样做的意思是，把身家性命交给刘邦，以表示投降的诚意。大约自南北朝时，战败的一方开始用白旗表示投降。道理应该跟子婴“素车白马”投降刘邦一样，是用丧事的仪式表示投降的诚意。

广西与广东的“广”是何意？

问：我国的省市名称，蕴含了丰富的地理知识，如山东山西中的“山”指太行山，湖北湖南的“湖”指洞庭湖。广西广东的“广”指什么？

——湖北　唐晓明

答：汉朝是我国古代一个强大的帝国。西汉建国以后，不断开疆拓土，先后在边远地区设置了一些新县，地名中不少带有“广”字，如北方的有广川、广乡、广平、广成、广阳、广阿、广武、广昌、广牧、广衍、广饶等，南方的有广汉、广至、广郁、广信、广柔、广都等。这些“广”字都含有遥远、边远之意。到了三国时期，吴国又将南方的南海、苍梧、郁林、高梁四郡（今两广地区）合成一个新的行政区域，定名为广州（即远方的一个州）。北宋初年，中央政府在五岭以南设岭南转运使，因其辖区即为以前的广州，故又称广南路。不久，其地划分为广南东路和广南西路，简称广东路和广西路。到了清代，又分别设置为广东省和广西省。

三国是“魏蜀吴”，还是“魏汉吴”？

问：有人认为三国正确的说法应该是“魏汉吴”，而非“魏蜀吴”。请问这一说法有道理吗？

——河南郑州　曹铭德

答：有道理。对于三国的具体称谓，古人就有讨论。宋人黄震《黄氏日抄》中说：“蜀者，地名，非国名也。昭烈（刘备谥号是“汉昭烈帝”）以汉名，未尝以蜀名也。不特昭烈未尝以蜀名，虽孙氏之盟亦曰‘汉、吴既盟，同讨魏贼’。是天下未尝以蜀名之，名之者魏人也。”清代顾炎武在《日知录》卷二十四“主”条，广征博引，证明刘备于蜀中称帝，国号是“汉”，不是“蜀”。可是《三国志》的作者陈寿，为了谄媚司马氏集团，故意把刘备的国号“汉”改为“蜀”。因为当时的魏已篡汉，改称昭烈为蜀，使不得附汉统，又以“晋承魏统，义无两帝”为由，创立“先主”“后主”之名，称刘备为“先主”，刘禅为“后主”。这些做法，都是对历史事实的公然篡改。

不过，“魏蜀吴”的称谓早已约定俗成，今天没必要再拨乱反正。

“小可”究竟是何意?

问：最近新版《水浒传》在各大荧屏热播，笔者发现其中人物常用“小可”一词，如梁山众英雄劫了江州法场救出宋江后，宋江便道：“小可不才，自小学吏，初世为人，便要结织天下好汉。奈缘力薄才疏，不能接待，以遂平生之愿……”“小可”究竟何意?

——浙江金华　王思朗

答：“小可”是古代白话小说中使用频率颇高的一个谦词，许多朋友都很熟悉。理解这个词还得先理解“可”字。可，本义指“许可”。《广韵·哿韵》：“可，许可也。”后引申指“能够”“值得”“适合”等义。大约自宋代，“可”开始用来指“寻常”“轻微”“不足道”等义。如明代刘兑《娇红记》：“白日里可些，到晚来越凄惨过活不得。”“白日里可些”即白天轻微一些。“小可”即细小、轻微、寻常。如宋代范仲淹《让观察使第一表》：“今贼界沿边小可首领，并伪署观察使之名。”其中“小可首领”即小头目。大约自元代始，“小可”用作第一人称的自谦之词。元杨显之《潇湘雨》第四折：“小可是临江驿的驿丞。”

“真象”还是“真相”？

问：我是刚到一家出版单位工作的新编辑，正在编辑一部书稿。二审老师把我书稿中的“真象”全改成了“真相”。到底是“真象”还是“真相”？

——天津宝坻　李红华

答：是“真相”。真相，本来是个佛教语，指宇宙事物的本然状态。这个词最初译作“实相”，见于后秦鸠摩罗什（344—413）翻译的《法华经·方便品》。“真相”稍后即出现。北魏杨衒之《洛阳伽蓝记·修梵寺》中就有“真相”一词，意思就是《法华经》中的“实相”。杨衒之生卒年不详，一般认为《洛阳伽蓝记》成书于东魏武定五年（547）。一直到清末，“实相”“真相”并用，词义基本上还是佛教中的意思。

大约自上世纪初开始，“实相”与“真相”开始出现引申义，有人用来指事物的本来面目或真实情况。如章炳麟《驳康有为论革命书》：“此正满洲行政之实相也。”又如鲁迅《且介亭杂文·关于新文字——答问》：“不过他们可以装作懂得的样子，来胡说八道，欺骗不明真相的人。”不过，大都用“真相”，用“实相”的人很少见。

在古今文献中，作为佛教词语，不管是“真相”还是“实相”，其“相”都不能作“象”；作为普通词，即用其引申义，偶尔见到有人把“真相”写作“真象”，但这种写法既无典可寻，意思也有别，无疑是笔误，不宜提倡。

悟空为什么姓“孙”?

问:张纪中版《西游记》正在热播,我才读小学的女儿问:孙悟空为什么姓“孙”?你能帮我回答吗?

——湖北荆州　符艳红

答:孙悟空的名字,在《西游记》第一回中有交代。孙悟空是花果山一仙石孕育而成,原本无姓无名。他帮花果山的众猴发现了水帘洞这个洞天福地,被推为猴王,名曰美猴王。在通背猿猴的启示下,美猴王出海拜师学艺,以求长生不老之术。最后他来到“灵台方寸山”的“斜月三星洞”,拜了菩提祖师为师。菩提祖师得知美猴王无父无母,无姓无名,看起来像个食松果的猢狲,便想去掉“猢”字的反犬旁让他姓“胡”。但“胡”即古月,“古者老也,月者阴也,老阴不能化育”成物,不符合石猴的实际。菩提祖师于是去掉“狲”的反犬旁,让他姓了孙。祖师门中按“广大智慧真如性海颖悟圆觉”十二字分派起名,排到美猴王,正当“悟”字。祖师便为美猴王起了个法名叫作“孙悟空”。

饭局为何称“局”?

问:常听人说“饭局”一词,比如:今天有个饭局,我不回家吃饭了。请问:什么是“饭局”,“局”是什么意思?

——四川省成都市人民南路　彭华

答:“饭局”即宴会、聚餐,“局”的意思是“酒宴”。

局,本指局促,引申指狭小、局限、局部、权限等。大约自南北朝时期起,“局”开始用以指官署。古代,官署也称局署。官署历来有置办酒席宴请官吏的传统。乾隆五十年(1785),四海升平,天下富足,乾隆为了表示对老人的尊重,在乾清宫举办“千叟宴”。被邀请的老人大约3000人,其中有前朝老人,有当朝老臣,乾隆亲自为90岁以上的老人一一斟酒。这是历史上最盛大的官宴。

这种酒席古称“局席”。唐代科举考试放榜后,朝廷在长安曲江亭大宴新科进士,皇帝亲自参加,王公大臣也一同与宴。宴会结束后新科进士皆集于长安慈恩塔下题名。后来有人认为这种习俗有害政风,请求废除,说“其曲江大会朝官及题名、局席,并望勒停”(见《唐摭言》卷三)。“局”便进一步引申指“宴席”“宴会”。唐代段成式《酉阳杂俎·祸兆》:“京兆办局甚盛,及饮酒,座上一妓绝色。”句中的“局”即酒宴。既然“局”可指酒宴,宴会、聚餐便称“饭局”了。老舍《骆驼祥子》:“遇上交际多,饭局多的主儿,平均一月有上十来个饭局,他就可以白落两三块的车饭钱。”

《芈月传》里“八子”何义?

问:《芈月传》正在热播,大家议论纷纷。请问:剧中称芈月为芈八子,“八子”是什么意思?

——山西　赵美娟

答：电视剧中称，芈月嫁入秦宫，受秦惠文王恩宠，被封为八子，故有“芈八子”之称。芈月以秦宣太后为原型，宣太后在史书中也有“八子”之称。“八子”是秦宫嫔妃的一个等级名号。

据《礼记》等典籍记载，周朝时期，天子称王，其正妻称后。周王有一后、三夫人、九嫔、二十七世妇、八十一女御。据此，周天子后宫嫔妃有后、夫人、嫔、世妇、女御等等级。

秦始皇焚书，列国史籍付之一炬，留存于世的只有记载秦国历史的《秦记》。司马迁撰《史记》，《秦记》成为他推定先秦年代、编排先秦历史的主要依据。《史记》中的《六国年表》《秦本纪》及《秦始皇本纪》等，都是司马迁以《秦记》为基础，再补入、比对其他材料写成的。《秦记》大约在西汉末散佚，其内容大部分保留在《史记》中。因此，先秦各诸侯国后宫嫔妃等级制度，已难以窥见全貌。而秦国的后宫嫔妃等级制度，大致可从《史记》中看到。

《史记·秦本纪》：“尊唐八子为唐太后。”裴骃集解引徐广曰：“八子者，妾媵之号。”唐八子即芈八子之子秦昭王嬴稷的一个嫔妃，也曾被封为八子，其子嬴柱继位后，同样被尊为“太后”。《汉书·外戚传序》：“汉兴，因秦之称号，妾皆称夫人，又有美人、良人、八子、七子、长使、少使之号焉。”由此可推知，秦国后宫嫔妃有八个等级：王后、夫人、美人、良人、八子、七子、长使、少使。八子是其中之一。

“芈月”是历史上的第一位“太后”吗?

问:《芈月传》的热播,引起人们对“太后”一词的讨论。剧中的芈月,在公子稷继承秦国王位以后,被尊为“太后”。芈月以秦宣太后为原型,有人说宣太后就是历史上的第一位“太后”。果真如此吗,介绍一下相关情况好吗?

——湖北武汉　田禾苗

答:秦宣太后确实是我国历史上的第一位“太后”。

“后”本指君主。《尔雅·释诂》:“后,君也。”后来指君王的妻子。《释名·释亲属》:“天子之妃曰后。”我们知道,古代君王妻妾成群,分成不同等级,只有正妻或嫡妻方可称“后”。“后”是君王或诸侯后宫嫔妃封号中的最高等级,执掌后宫事务,是众妃的首领。

春秋战国时期,君王或诸侯去世,新君继位后当立新后。如果先君之后(大都为新君之母)尚在人世,一般在“后”前加上先君的谥号称呼,以示与新后的区别。比如《史记·赵世家》中有“惠文后”,本是赵惠文王生前的王后,赵惠文王去世后,在“后”前加赵惠文王谥号“惠文”,称“惠文后”。

从文献记载看,在秦宣太后之前,未见称“太后”者。因此,宣太后被视为历史上第一位“太后”。《芈月传》热播后,“太后”引起了人们的兴趣,大家议论纷纷。见网上有人发表意见,说宣太后未必是中国历史上的第一位太后,其前史书没有记载,不能说明就一定没有。我们认为，宣太后确实是历史上的第一位“太后”。“太后”的出现，和当时的政治有关。

秦武王没有子嗣，去世后秦国王权暂时处于空窗期，诸公子争夺王位，政治出现混乱，史称“季君之乱”。芈八子的同母异父弟魏冉，手握重兵，势力很大，拥立芈八子之子公子稷。当时，公子稷在燕国做人质，回国后继承了秦国王位，史称秦昭王。秦武王生母惠文后，则拥立公子壮为君，史称“季君”。同时两君并立。秦昭王二年（前305），魏冉平息了内乱，公子壮及一同反叛的诸公子、一帮大臣被诛，惠文后也“不得良死”。《史记·穰侯列传》：“武王卒，诸弟争立，唯魏冉力为能立昭王。昭王即位，以冉为将军，卫咸阳。诛季君之乱。”唐代司马贞索隐：“季君即公子壮，僭立而号曰季君。穰侯（即魏冉，后封“穰侯”）力能立昭王，为将军，卫咸阳，诛季君及惠文后。”

这无疑是一场武力较量，是“武斗”；而芈八子在公子稷继位后，称“太后”，则可视为一场“文斗”。

惠文后本魏国女子，嫁给秦惠文王后，先做“夫人”，生下武王以后被封为王后。秦惠文王去世，惠文后儿子秦武王继位。按惯例，惠文后以先君谥号“惠文”称之，故称“惠文后”。秦武王做了4年秦王，在此期间，包括芈八子在内，大家都习惯了称这位魏国女子为“惠文后”。而芈八子在秦惠文王在世时，只做到“八子”的位置，本与“后”无缘。儿子公子稷继位后，也可夺了“惠文后”尊号，而把它戴在自己的头上。不过，这会在历史上留下话柄，甚至说是污点。再说，抢来的帽子，戴着也别扭。

在这种情况下，另创新号，自称“太后”，是高明之举。太，古代也作“大”，还作“泰”，意思是“极大”。《说文·水部》“泰”段玉裁注：“凡言大而以为形容未尽，则作太。”从字面意思看，“太后”绝对能盖过“后”，可压“后”一头，优于“后”。宣太后称“太后”是有政治考量的，是打击惠文后及公子壮一党的政治手段。

“太后”这个称呼，也和封建王权的政治结构合拍。“后”虽然是后宫嫔妃中的最高等级，但“太后”毕竟是当朝帝王之母，地位上确实高于“后”。而“太”字刚好把封建帝王后宫政治结构中的这种关系，揭示了出来。“太后”称号的发明，对帝王后宫政治而言，无疑是一件了不起的大事。自宣太后始，先王去世后新君之母称“太后”，成为秦国后宫规制，秦孝文王（嬴柱）母唐八子、秦庄襄王（嬴子楚）母华阳夫人、秦始皇（嬴政）母赵姬，都做过“太后”。“太后”也迅速传播开了，赵国、燕国等其他诸侯国中，随后也出现了“太后”。秦汉以后，“太后”成为皇帝之母的专称。

压岁钱的“压”是什么意思？

问：又到年底，要给孙子准备压岁钱了。为什么叫“压岁钱”，“压”是什么意思？

——吉林长春　阎中君

答：压岁钱，是过年时长辈赐给小孩子的红包。是啊，“压”是什么意思呢？回答这个问题，要从古代的“年”说起。

现在的“年”，是一个快乐的节日，贴对联，放鞭炮，挂灯笼，穿新衣，家人团圆，一起吃年夜饭，等等，其乐融融，是一年最让人期待的日子。不过在古代，“年”的含义并非都如此。

年，甲骨文作，像结穗的禾谷，本义是禾谷成熟。《说文》：“年，谷熟也。”在上古时代，祈求丰收，也称“年”。《周礼》：“凡国祈年于田祖”，郑玄注：“祈年，祈丰年也。”“田祖”即神农氏，是传说中的“始耕田者”。古人重祭祀，“祈年”的方式当然就是祭祀“田祖”的活动。祭祀时，少不了酒肉之类的祭品，而祭祀结束了，祭品大家是要一起分食的。过年吃年夜饭，大鱼大肉，其实就是这么来的。

上古时代，人们看天吃饭，对旱涝虫害等影响农业生产的自然现象没有科学认识，常把禾谷歉收归咎于“疫疠之鬼”的为害之举。因此，在“祈年”的祭祀活动中，除了“祈福”以外，“禳灾”也是重要目的。“禳灾”即禳除灾害。“过年”也叫“除夕”，一直有学者认为，“除夕”之“除”，就是“禳除灾害”之义。

在历代的年节活动中，习俗因循变化，各有千秋，但“祈福”和“禳灾”一直是其中的两大主题，这从未变过。

放鞭炮、贴对联，原本的目的就是“禳灾”。汉代《神异经》中说，有一个被称作“山臊”的鬼怪，长得像人一样，如果被它侵害就会生病。于是人们便把竹子放在火堆里烧，用竹子燃烧时发出的噼里啪啦的爆裂声吓唬山臊，让它远离人们。后来，逐渐演变成过年时放鞭炮的习俗。贴春联起源于贴桃符。相传大海中有度朔山，山上有一棵大桃树，树干弯曲伸展三千里，树枝的东北面叫鬼门，鬼怪由此进出。树上有两位神人：神荼、郁垒。发现害人的恶鬼，神荼、郁垒便绑着去喂老虎。后来人们把画有神荼、郁垒的桃木板，挂在大门上以压邪，此曰“桃符”。五代时，西蜀的宫廷里，有人在桃符上写联语。这样，桃符就逐渐演变成春联了。《燕京岁时记》：“春联者，即桃符也。”

据典籍记载，过去人们在除夕时，常用彩绳穿钱，置于床脚，以压邪魅，谓之压岁钱。压，即镇。后来，长辈赐给小孩子的钱，也称压岁钱，最初应该也有辟邪之义。

“释永信”为何姓“释”？

问：经常见到佛家弟子名号前都有一个“释”字，如“释小龙”“释永信”“释慧明”等，“释”是什么意思？

——四川　彭华

答：“释”是佛门弟子的姓。

“释”本是佛教创始人释迦牟尼的简称。后来泛指佛教，如佛教也称“释教”、佛家弟子也称“释子”、佛典也称“释典”、佛门也称“释门”等等。

佛教刚刚传到我国时，传教者多是外国僧人。为了称呼的方便，人们便按照我国习惯，为这些僧人起个汉姓。最初多以僧人的国为姓。如东汉的“竺法兰”是“天竺”人，故姓“竺”，东吴的“康僧会”来自康居，故姓“康”。再后来，也用“佛、昙、僧”作为僧人的姓。僧人的出家弟子，也要放弃自己的俗姓，而跟从师父的姓。南北朝时，佛教进入兴盛时期，我国本土的出家人骤增。僧人的姓，非常混乱。东晋僧人道安认为，出家人的姓氏混乱不利于佛教的发展，于是倡言：“佛以释迦为氏，今为佛子者，宜从佛之氏，即姓释。”并“身体力行”，率先以“释”为姓。南朝梁慧皎《高僧传·释道安》：“初，魏晋沙门，依师为姓，故姓各不同。安以为大师之本，莫尊释迦，乃以‘释’命氏。”后来僧众响应，均以“释”为姓。

僧人统一姓“释”，表明“天下佛子是一家”，大大增强了佛教的内部团结与组织的统一，是佛教“中国化”过程中的一个里程碑式的重大事件。

不过，不出家的佛教信徒居士，则不姓“释”，仍姓其“俗姓”。

君王为何称“孤”道“寡”？

问：古代君王常自称“孤”或“寡人”。然而，他们大都不是“孤儿”，更与“寡妇”无关。为什么他们要称“孤”道“寡”呢？

——北京　陈吉德

答：“孤”与“寡人”，都是上古侯王的自谦之称，并非他们真的是“孤”是“寡”。

孤、寡，本来都是少的意思，自称孤、寡，有表示自己是少德之人的意思。《老子》第三十九章：“故贵以贱为本，高以下为基，是以侯王自谓孤寡……”《集韵·模韵》也说：“孤，侯王谦称。”

我国古代强调“以德治天下”，孔子明确提出“为政以德”的主张，后来孟子也继承发展了“德治”思想。但孔孟主张的“德”，只有尧舜圣王才具备，而一般王侯是不敢说自己是“有德”的。这就是上古王侯谦称“孤”“寡人”的原因。

还须指出，在意义上“孤”和“寡人”还是有区别的。《左传·庄公十一年》：“且列国有凶，称孤。”杜预注：“无凶则称寡人。”意思是，如果国家有灾祸，王侯称“孤”，无则称“寡人”。

“耳根清净”还是“耳根清静”？

问：词典里“清静”和“清净”两个词都有，请问“耳根清jìng”应是“耳根清净”还是“耳根清静”？

——江苏　李欣

答：应该是“耳根清净”。耳根，佛教用语，是佛教六根之一。佛教认为眼、耳、鼻、舌、身、意具有能摄取相应之六境（色、声、香、味、触、法），产生相应之六识（眼识、耳识、鼻识、舌识、身识、意识）的六种功能。根是“能生”的意思，故将此六者称为六根。

清净，在佛教中指远离恶行与烦恼。如南朝梁王僧孺《礼佛唱导发愿文》:“愿现前众等,身口清净。”又如《白雪遗音·玉蜻蜓·追诉》:“我乃法华庵内一个支宾尼僧……指望出家清净,谁知十六年前,惹出冤愆。”

耳根清净,就是说耳中不闻胡言乱语或嘈杂声音,常常指不闻闲是闲非。《圆觉经》卷上:“闻清净故,耳根清净,根清净故,耳识清净,识清净故,觉尘清净,如是乃至鼻、舌、身、意,亦复如是。”《水浒传》中也有:“智深也乘着酒兴,都到外面看时,果然绿杨树上一个老鸦巢。众人道:‘把梯子上去拆了,也得耳根清净。’”

而清静,在古代汉语中有天气晴朗宁静、心性纯正恬静等义,还可指为政清简,无为而治。而在现代汉语中,一般指环境安静,不嘈杂。如赵树理《三里湾·有没有面》:“扭在一块儿生气,哪如分开清静一点?”“耳根清静”的说法是不妥的。

“鱼香肉丝”如何得名?

问: 不少饭店的菜单上, 都有“鱼香肉丝”这道菜。奇怪的是, 烧制这道菜的原料中并没有鱼, 为何又要取这样的菜名呢?

——浙江长兴　小阮

答: 这道菜的得名, 确实与原料没有关系, 但与烹制它的调料有关。

“鱼香肉丝”即炒肉丝。“鱼香”是川菜的一个代表味型。以此来命名的菜品, 虽然原料中没有鱼, 但其调料是民间烹制鲜鱼时所用的调料, 结果使非鱼的原料产生了鱼的香味, “鱼香”类菜品因此而得名。据介绍, 烧制鱼香菜肴的调料, 主要有泡红辣椒、葱、姜、蒜、糖、盐、酱油、豆瓣酱、花椒粉、胡椒粉、红辣油等。鱼香类的成菜一般具有咸、酸、甜、辣、香、鲜等特色。

“新郎官”还是“新郎倌”?

问: 称呼新婚的男子, 叫“新郎guān”。请问书面上应该写成“新郎官”, 还是“新郎倌”?

——江苏镇江　沈洪亮

答: “新郎guān”是方言的说法。在书面上, “新郎官”和“新郎倌”两种写法都有，但我们倾向于选择“新郎官”这一词形。

先从语用实践看，现代作家的典范白话文著作中，一般用“新郎官”。如，郁达夫的《迟桂花》：“因为他要做新郎官了，所以在高兴。”

再从修辞上看，选用“官”还是“倌”，似乎有民俗心理的因素在起作用。汉语里新郎的称呼还有“新官”“新官人”“新郎公”等。其中的“官”，意思就是官人。“官人”就是做官的人、官吏，在汉语中它还有很多义项，既是对男子的敬称，也是妻子对丈夫的称呼。在官本位意识浓厚的社会，将新郎称为“新郎官”，多少带有一种美好祝愿的意味。而“倌”（多作“倌儿”）字是个俗字眼：一是指农村中专管饲养某些家畜的人员，如“羊倌儿”“猪倌儿”；二是指旧时某些行业中被雇佣专做某种活计的人，如“堂倌儿”“磨倌儿”（磨面的人）。

为何叫“右翼”？

问：经常看国际新闻，发现媒体常用“右翼”称呼日本的反动鹰派势力。什么是“右翼”？为何称之“右”？

——北京市大前门路　李建波

答：政党或阶级、集团中在政治、思想上属于保守、落后乃至反动的一部分，称“右翼”。而其中进步、革命的一部分，则称“左翼”。“右翼”又称“右派”，“左翼”又称“左派”。

为什么“保守、落后乃至反动的”称“右”，而“进步的、革命的”称“左”呢?

右，原指右边；左，原指左边。我国古代崇右，所以以右为上、为贵、为高。与此相对，则以左为下、为贱、为卑。字义引申，右可指权贵、豪族，左可指不正、偏邪。我们知道，在民主革命时期，权贵、豪族在政治思想上多属于“保守、落后乃至反动的”，而他们眼中的“不正”“偏邪”则往往代表“进步、革命的”。所以，“保守、落后乃至反动的”称“右”，而“进步的、革命的”称“左”。

与此相关的还有“右倾”“左倾”两词。右倾，指思想保守的、向落后或反动势力妥协投降的；左倾，则指思想进步、革命的。革命队伍中，超越现实条件、脱离客观实际、在革命斗争中表现出的急躁盲动倾向，也称左倾，不过，这个左常加引号，称“‘左’倾”。如毛泽东《农业合作化的一场辩论和当前的阶级斗争》：“事物在时间中运动，到那个时候该办了，就要办，你不准办，就叫右倾；还没有到时候，你要勉强办，就叫‘左’倾。”

也有人说，政治立场上的“左”“右”之分，来源于法国大革命时期，在立法会议上支持“革命”的自由派参议员坐左侧，支持旧制度的保守派参议员坐右侧。可备一说。

为何称“领袖”？

问：几乎每天都能见到“领袖”，这个词怎么来的？

——上海市大华路　王双木

答：古汉语中有“领袖”一词，指衣服的领和袖。后来词义引申，“领袖”比喻同类人或物中之突出者。唐玄宗《〈孝经〉序》：“韦昭、王肃，先儒之领袖。”北宋邢昺疏：“此指言韦王所学，在先儒之中如衣之有领袖也。”元代关汉卿《单刀会》第二折：“有一个马孟起，他是个杀人的领袖。”

现在“领袖”指国家、政治团体、群众组织的最高领导人。一般认为，这个“领袖”大约是19世纪后半叶从日文中引进的。如1875年王韬《瀛壖杂志》：“昆腔之在沪者，以鸿福为领袖。”秦牧《〈长河浪花集〉序》：“走在我们前头的无产阶级革命领袖，他们的璀璨光辉自然是不待多说了。”

说到底，是日文先从中文中引进“领袖”，增加新的含义后，中文又把它从日文中引回，有人把语词的这种“传播”路径戏称为“出口转内销”。其实，有类似“经历”的词不少，如革命、思想、心理、民主等等都是。

为何称“赤字”？

问：常在财经新闻里看到“赤字”一词，为什么叫“赤字”？

——上海　钟华久

答：“赤字”指在经济活动中支出大于收入的差额数字，簿记上登记这种数目时，用红笔书写，故称。《现代汉语词典》《现代汉语规范词典》以及《汉语大词典》等权威工具书，都做类似解释。

“赤字”是现代财务领域的重要概念，当是个外来词，很可能来自日语。黄河清《近现代辞源》：“指经济活动中支出多于收入的差额数字。1934年《新知识辞典》：日语‘赤字’，指支出超过收入的意思。”

也有人认为，“赤字”是汉语“本土”词语。曾有人撰文说，南北朝西魏时期，陕西武功人苏绰，于大统十一年（公元545年）任大行台度支尚书兼司农卿时，制定了朝廷的记账制度，规定凡记账一律“朱出墨入”，即用红色表示财政支出，用黑色表示财政收人。由于大大地便利了财政管理，会计学上一直沿用至今。这就是“赤字”的来历。

这个说法明显不可靠。首先，根据经济史，我国根本就没有存在过“用红色表示财政支出，用黑色表示财政收入”的记账制度，所谓“会计学上一直沿用至今”更是子虚乌有。其次，就算历史上真的有这种制度，“赤字”表示的也是“财政支出”数字，而非“支出大于收入的差额数字”，此“赤字”和彼“赤字”明显是不同的概念。

其实，这个误解是没有读懂古文所致。《周书·苏绰传》：“绰始制文案程式，朱出墨入，及计账户籍之法。”稍作推敲不难判断，“朱出墨入”说的是“文案程式”，而非“计账户籍之法”。据经济史，苏绰的“记账户籍之法”后世已失传，其真实面目不得而知。一般认为，作为“文案程式”的“朱出墨入”，是指朝廷发出的文书用朱（红色）标，上呈朝廷的文书用墨（黑色）标。有人甚至认为，这就是现在“红头文件”的来历。

台风的"台"从何而来?

问:台风常给人们的生命财产造成重大损失,如2011年7月底的"梅花"就造成辽、鲁、苏、沪、浙等5省市360余万人受灾。有人说,由于台风在台湾附近的西太平洋海面生成,所以称"台风"。这种说法对吗?

——上海　文健

答:"台风"的"台",繁体字作"颱";"台湾"的"台",繁体字作"臺"。二者是两个完全不同的字。可见,"台风"的得名应该跟"台湾"没有直接关系,上述说法经不起推敲。

在中国古籍中,明代以前一般称来自西太平洋上的大风为"飓风",明以后按风力的大小不同,有"台风"与"飓风"之分。轻者为"飓",剧者为"台"。清代王士禛《香祖笔记》:"风大而烈者为飓,又甚者为台。飓倏发倏止,台常连日夜不止。"清代俞正燮《癸巳类稿》卷九也说:"台,大具(飓)风也。""台"的繁体字"颱",是个形声字,从風(风)、台声。"台风"应该是明代以后国人创造的一个新词。为什么把比飓风更大、更猛的风称为"台风"呢?在粤语中,"台风"与"大风"的读音非常接近,"台风"可能是在粤语"大风"的影响下而产生的。

英语中,在西太平洋及印度洋洋面上生成的热带风暴称为typhoon,在大西洋及东太平洋上生成的热带风暴称为hurricane。英语"typhoon"与中文"台风"所指对象基本一致,且读音非常接近，于是许多英汉词典就把typhoon译成“台风”，而把hurricane译成“飓风”。

基于“台风”与“typhoon”音义的高度一致，人们于是对“typhoon”与“台风”的词源产生了兴趣。有人认为，中文“台风”来源于英语typhoon，英语typhoon来自希腊文typhon，typhon在希腊文中指“风魔”或“暴风”。也有人认为，英语typhoon出现很晚，可能是受中文“台风”与希腊文“typhon”综合影响而产生的。笔者不详细介绍，有兴趣的朋友可去查阅。我们倾向认为，“台风”与“typhoon”各有来源，它们在音义上的接近，是偶然现象，不能简单地看成是词源关联的证据。

“外白渡桥”名称是怎么来的？

问：最近新闻里一直在报道“上海外滩外白渡桥拆修工程”，“外白渡桥”这个名称是怎么来的？

——黑龙江哈尔滨　伊妮

答：“外白渡桥”一称是从“外摆渡桥”演变而来的。“外摆渡桥”位于上海城区苏州河与黄浦江交汇处附近。上海开埠前，苏州河南北两岸交通全靠摆渡船，沿河从东到西设有多个摆渡口，靠近黄浦江的一处，是苏州河河道上东面最靠外的摆渡口，叫“外摆渡”。苏州河两岸沦为英、美租界后，英国人威尔斯组建“苏州河桥梁建筑公司”，向工部局提出在外摆渡附近建造木桥的计划，并要求享有20年的经营管理权。不久，一座收取行人车辆“过桥费”的“威尔斯桥”在苏州河上架起，俗称“外摆渡桥”。20年后工部局收回经营权，重新造了新桥，市民过河无需再付过桥费。1906年，为通行有轨电车，工部局又将木桥改建成钢桥，当时用英文命名为“公园桥”，而上海人还是称之为“外摆渡桥”。由于“摆”与“白”在上海方言里读音基本相同，“外摆渡桥”后来讹成了“外白渡桥”。1949年后，原嵌在桥头堡上的英文铜质落成纪念碑被拆除，桥名被重新刻写为“外白渡桥”。

为何称“同窗”？

问：我是重庆一所大学的大一学生，去年在图书馆看到贵刊，很对我胃口，此后几乎每期都看。请问：同学为什么叫“同窗”？

——重庆　杜兰君

答：过去学校里的课桌多是双人桌，所以口头语中常用“同桌”称呼与自己同坐一张课桌的同学。这很好理解。但用“同窗”称呼同学，这是什么原因呢？这是一个有意思的问题。

“同窗”是个传统词语，据文献，在宋代就已经出现了，最初用作动词，指在一起读书。如宋吕祖谦《与朱侍讲书》：“同窗者，乃叔度之弟景愈。”后来也指在一起读书的人，即同学。

“同窗”一词在宋代出现，应该和书院的兴起有关。书院始于唐，兴于宋，指私人或官府设立的供人读书、讲学、藏书的处所。宋代书院以讲论经籍为主，其中最有名的有白鹿、石鼓（一说为嵩阳）、应天、岳麓四大书院。元代时，各路、州、府基本上都设有书院。明清时，书院更是遍地开花，但多为试子应付科举考试的读书场所，其“讲学”功能基本消失。清代光绪二十七年（1901）后，书院改为学堂，其名遂废。

古代以油灯、蜡烛等照明，室内光线很暗淡。另外古代建筑楼层低，采光条件也不理想。学子在书院学习，为了“借光”，多靠窗而坐。明乎此，“同窗”为何指同学，就不难理解了。

何以称“牧师”？

问：人们通常称基督教中讲经传道的人为“牧师”，请问这一称呼是怎么来的。

——上海崇明　张可珍

答：“牧师”的称谓古已有之，本来是指我国古代掌管牛马猪羊等牲畜的官员。《周礼·夏官》有“牧师”一职，东汉郑玄注：“〔牧师〕主牧放马而养之。”近代基督教新教传来中国后，其传道人员也有被称为“牧师”的。这一称谓，在拉丁文中原作pastor，意思是“牧羊人”。源出《新约圣经·约翰福音》，耶稣基督说：“我是好牧人，好牧人为羊舍命。”这里，耶稣以牧羊人自称，而他为之舍命保护的羊群则是广大的教徒。后来新教便以pastor（牧羊人）来称呼主持教务和管理教徒的人。但汉语在翻译时并未译作“牧羊人”，而是比较文雅上口的“牧师”。

为什么是“水到”才“渠成”？

问：“水到渠成”是个常用成语，其字面意思大部分辞书都解释为“水流到，沟渠自然形成”。我很不明白，明明是沟渠建成后水才会自然流到嘛，怎么可能是相反呢？如果真如此，沟渠就不需修建了。这个成语是不是有问题？

——重庆沙坪坝　都兰军

答：成语本身没问题，是你没有准确理解这个成语的字面意思。

“水到渠成”语出宋代真宗朝道原和尚《景德传灯录》：“（僧）问如何是妙用一句，师曰水到渠成。”后世用“水到渠成”比喻条件成熟，事情自然成功或问题顺利解决。

准确理解“水到渠成”的字面意思，要懂一点水渠的建造知识。我国是最早建设水渠的国家之一，根据历史记载，战国时期就建造成著名的白起渠、郑国渠等。水渠修建为后世历朝历代所重视，是古代水利建设的主要组成部分。现在水渠还在为农业生产以及其他目的的用水发挥着重要作用，“南水北调”其实就是当今举世闻名的“水渠”建设工程。

我国已经积累了一套成熟的水渠建设的技术。对水渠建设工程技术略微熟悉的朋友都知道，水渠建设的最后一道程序是“试通水”，也叫“引水”“试渠”等。试通水的主要目的，是检验渠道是否建造成功。如果什么地方漏水或决堤，就说明水渠还没修造成功，还要在相应的地方返工。如果水从沟渠的头一直流到了沟渠的尾，就说明水渠建成了，这就是“水到渠成”。

“叫花子”还是“叫化子”？

问：老师您好！“叫花子”能不能写成“叫化子”？如果能的话，为什么有两种写法？

——辽宁大连　白敏男

答：“叫花子”和“叫化子”是一组异形词，“叫花子”来源于“叫化子”，而现在的推荐词形是“叫花子”。下面来介绍一下“叫花子”的词形变化。

表示乞丐的“叫花子”可以追溯到“教化”一词。教化，原指政教风化、教育感化。《诗·周南·关雎序》：“美教化，移风俗。”其中的“教化”即政教风化。《礼记·经解》：“故礼之教化也微，其止邪也于未形。”句中“教化”指教育感化。佛教传入中国后，“教化”也用来指传扬佛教、劝人向善。汉代康孟详《修行本起经》卷上：“教化五浊世人，度脱十方。”而佛教教化的一个重要内容是劝人布施，所以“教化”可指劝人布施。北魏吉迦夜与昙耀合译的《杂宝藏经》卷六：“须达长者欲劝化乞索供养三宝……善业值须达长者教化乞索，心生欢喜……”唐宋时期，“教化”可表示佛教徒向人乞索财物。《太平广记》卷一一六：“常教化钱物，称供养菩萨圣像。”

到了元代，“教化”则不再仅限于佛教徒，世人乞讨也能称为“教化”。元郑廷玉《看钱奴》第三折：“大清早起，利市也不曾发，这两个老的就来教化酒吃，被我支他对门讨药去了。”此时，“教化”开始写作“叫化”。元关汉卿《蝴蝶梦》：“我叫化了些纸钱，将着柴火燃埋孩儿去呵！”宋代以前还未见“叫化”，元代“教化”与“叫化”两种写法均很常见，到了明代大多写作“叫化”。

“教化”和“叫化”本指乞讨这一行为，后也指以乞讨为生的人。宋无名氏《张协状元》戏文第三九出：“教化归乡为没钱。”关汉卿《四春园》第一折：“在城有一人，也是个财主，姓李……他如今消乏了也，都唤他做叫化李家。”这些人也被称为“教化头”“叫化子”“叫化头”“叫化的”等。《元曲选·灰阑记》一折：“呀！怎么我家解典库门首，立着个教化头？”《元曲选·忍字记》一折：“哥哥，门首有那叫化头刘九儿，说哥哥少他一贯钱。”其中“叫化子”最为常用。《元曲选·东堂老》三折：“柳隆卿云：‘赶出这叫化子去。’扬州奴云：‘我不是叫化的，我是赵小哥。’”

至于为什么“叫化子”会变成“叫花子”，有学者推测，是表示骗子的“花子”与“叫化子”互相影响，从而产生了新的词形。“花”有虚浮不实之义，元明时“花子”有骗子之义。《醒世恒言》

卷三十六:“逐日东走西撞,与一班京花子合了伙计,骗人财物。”而明清时称乞丐的“叫化子”可缩略成“化子”。如《醒世恒言》卷二十七:“这个小化子,一日倒讨得许多钱。”乞丐和骗子都属于社会底层,有一定的相似性,所以“化子”与“花子”相混,“花子”也可以指乞丐。清代,“花子”多指乞丐,“叫化子”中的“化”也写成了“花”。《醒世姻缘传》第八回:“(珍哥)还说:‘……这要是我做了这事,可实实的剪了头发,剥了衣裳,赏与叫花子去了,还待留我口气哩!’”

现代汉语中“叫花子”与“叫化子”同音,都读为jiàohuāzi,两者又同义,故是一组异形词。2001年《第一批异形词整理表》中对“叫花子”与“叫化子”进行了整理,“叫花子”是推荐词形,而“叫化子”是非推荐词形,据此应该写成“叫花子”。

为何称“蛇头”?

问:经常在报上看到“蛇头”一词,它指的是组织偷渡并从中获利的人。这种人为何称“蛇头”?

——青海　胡小明

答:蛇头指人蛇的头领。人蛇指偷渡出境的人,偷渡者为了避免暴露,多像蛇一样蜷缩于船的底舱,故称“人蛇”,而组织偷渡的人,则被称为“蛇头”。

“沙场”有“沙”吗?

问: 在影视剧里经常听到“沙场”一词, 古诗文中也常见到, 指的是战场。战场为什么称“沙场”?

——云南　石瑶

答: 汉语中有一些含有“沙”的词语, 如沙门、沙发、沙龙等等, 是外来词, 其“沙”都是音译字; 但“沙场”不一样, 是十足的汉语“本土”词语, 其“沙”是有具体含义的。

沙, 本指水中细碎的石粒。《说文·水部》:“沙, 水散石也。”也指水边的沙地、沙滩。《集韵·支韵》:“沙, 水傍。”引申指沙漠。《山海经·北山经》:“广员三百里, 尽沙也。”清代郝懿行注:“沙, 此即所谓沙漠。”

沙场, 本指平坦的沙地。如三国魏应璩《与满公琰书》:“沙场夷敞, 清风肃穆, 是京台之乐也。”也指沙漠。如唐代李咸用《送山月》诗:“雪压塞尘清, 雕落沙场阔。”自唐代起, 诗文中普遍用“沙场”指代战场。如李白《军行》:“骝马新跨白玉鞍, 战罢沙场月色寒。”元代朱凯《昊天塔》第四折:“杨延景全忠全孝, 舍性命苦战沙场。”《古今小说·葛令公生遣弄珠儿》:“唐代兵被梁家杀得七零八落, 走得快的, 逃了性命; 略迟慢些, 就为沙场之鬼。”等等。

以“沙场”指代战场, 当与古代战场的环境有关。

外族入侵是古代战争的重要动因。而入侵华夏的少数民族, 大都来自北方的荒漠之地。因此, 古代的战场多在北方多沙的地理环境中。对此，典籍中多有描述。如《汉书·匈奴传》：“幕北地平，少草木，多大沙，匈奴来寇，少所隐蔽。”句中描述了“匈奴来寇”之地“少草木，多大沙”的环境特点。杜甫《送人从军》：“弱水应无地，阳光已近天。今君渡沙碛，累月断人烟。”诗句中也把“从军”的具体地点说成“沙碛”之地。清代傅昂霄《饮马长城窟》：“君不见长城之北青海边，平沙直上黄云天。沙中白骨堆何年？”诗句对北方黄沙满天、白骨成堆的古战场，进行了形象描绘。

既然古代的战场多在北方多沙的地理环境中，汉语中用“沙场”指代战场，也就顺理成章了。

“一问三不知”是哪三不知？

问：人们经常说“一问三不知”，其中的“一问”好理解，请问“三不知”如何解释，是哪三不知？

——上海　张鸣

答：“一问三不知”原作“三不知”，出自《左传》。晋国攻打郑国，齐国派大夫陈成子带兵援郑。部将荀寅报告说：“有人告诉我说，晋军准备用一千辆战车袭击我军。”陈成子听了，大骂道：“晋军就算出动更多的战车，我也不能避而不战。你竟敢壮敌威风灭己志气！”荀寅自知失言，感慨说：“君子之谋也，始衷（同‘中’）终皆举之，而后入焉。今我三不知而入之，不亦难乎？”意思是说，聪明人谋划事情，对事情的开始、过程、结果都要考虑到，然后才向上级报告。现在我对这三方面都不知道就向上报告了，难怪遭骂。可见“三不知”原指对事情的开始、过程、结果一无所知。后人用“三不知”指对内情一无所知，多就装糊涂而言。后来其前加上“一问”二字，逐渐变成了“一问三不知”。

“轮船”有“轮”吗？

问：为什么称“轮船”，它有“轮”吗？

——上海市光复西路　周家明

答：轮船，是以机械发动机推动的船。最早的轮船，船体两侧或船尾真的安装有用蒸汽机带动、推动船体前行的明轮，故称“轮船”，又俗称“火轮船”“火轮”。

众所周知，早期的船，用船篙或船桨、船橹推动。18世纪下半叶，工业革命爆发，蒸汽机被广泛使用，“以机器取代人力”渐成西方社会的主流意识。1769年，法国发明家乔弗莱把蒸汽机装上了船体，但仅仅是用蒸汽机带动一组普通的木桨，未能发挥蒸汽机的优越性。1802年，英国人威廉·西明顿，把船桨改造成船轮，用蒸汽机带动推动船体。这是世界上第一艘真正意义上的轮船。美国人约翰·史蒂芬森建造了著名的“菲尼克斯号”轮船，1809年从新泽西州沿大西洋西海岸航行，驶向费城，13天后平安到达目的地。此后，轮船经过不断改进，逐渐发展成当时世界上最先进、最有效率的运载、交通工具，驶向全世界。

大约在19世纪中期，轮船来到了中国被国人所知。

“女史”是什么意思？

问：读报时见到“静安区文化局局长张爱华女史”字样。请问“女史”是什么意思？

——上海　艾一文

答：“女史”本是古代女官名，以知书妇女充任，掌管有关王后礼仪等事。或为世妇（宫中女官）下属，掌管书写文件等事。《周礼·天官·女史》：“女史掌王后之礼职。”明沈德符《野获编·宫闱·女秀才》：“凡诸宫女曾受内臣教习，读书通文理者，先为女秀才。递升女史，升宫官，以至六局掌印。”后借用为对知识女性的尊称。和“女士”相比，“女史”的适用范围窄一些，专指有文化的女性。

“老爷”为何不“老”？

问：我是一名中学生，想请教一个问题：经常在影视剧中见到许多人用“老爷”称呼别人，但被称呼的对象有时并不“老”，这是为什么？

——湖南　周发

答：这个问题涉及汉语中的“敬词”的用法。

老，本指年岁大，与“幼”或“少”相对。如“老爷爷”“人老了，走不动了”等。也指年龄大的人，如“尊老爱幼”“敬老院”等。还指老练的、富有经验的，如“老于世故”“老手”等。

作为敬词，“老”常用于对老年人的尊称。如人们常敬称董必武为“董老”，谢觉哉为“谢老”。再如“老先生”一般是对年高德劭者的敬称，“老大爷”“老伯伯”“老爹”是对老年男性的尊称，等等。现在常在姓前加“老”字，如“老张”“老赵”等，用以称呼年龄比自己稍大的人，也有尊意。

作为敬词，“老”所用对象有时不是老人。《周礼·地官·司徒》中有“乡老”一词，指的就不是老人，郑玄注：“老，尊称也。”《红楼梦》第六回：“你老拔一根寒毛比我们的腰还壮哩！”句中的“你老”指的是才十八九岁的凤姐。郭沫若《北伐途次》十一：“南军的官长，你老不要着急，队伍是一定进了城的。”句中的“你老”指的是部队官兵，显然也不是老人。

老爷，旧时对官绅的称呼，大概出现于南宋。清李慈铭《越缦堂日记·光绪庚辰六月二十四日》：“老爷之名，实起南宋，而《元史》始见之。”清王应奎《柳南随笔》卷五：“前明时缙绅惟九卿称老爷，词林称老爷，外任司道以上称老爷。”后来，“老爷”变成对有一定身份的男子的尊称。如鲁迅《呐喊·故乡》：“他的态度终于恭敬起来了，分明的叫道：‘老爷！’”可见，“老爷”与年龄无关，并不一定要“老”！

需要指出的是，“老爷”这个旧时的敬词早已退出历史舞台，现在再没有人尊称别人为“老爷”了，只出现在影视剧或文学作品中。相反，现在用“老爷”还多含有讽刺意味。如：“当干部不是做官当老爷，而是为人民服务！”

老虎何以称“大虫”？

问：本人喜欢看古代白话小说，发现古人常称老虎为“大虫”。老虎是虫子吗？为什么称“虫”？

——山西　唐尧

答：古书中确实常称老虎为“大虫”，请看：

武松听了，笑道：“我是清河县人氏，这条景阳冈上少也走过了一二十遭，几时见说有大虫，你休说这般鸟话来吓我！——便有大虫，我也不怕！”酒家道：“我是好意救你，你不信时，进来看官司榜文。”武松道：“你鸟做声！便真个有虎，老爷也不怕！你留我在家里歇，莫不半夜三更，要谋我财，害我性命，却把鸟大虫唬吓我？”

这是《水浒传》第二十二回中的一段文字，武松与酒家口中的“大虫”就是老虎。

虫，现在指昆虫或类似昆虫的小动物。但古代常以虫指含人在内的一切动物。《大戴礼记·易本命》: “有羽之虫三百六十, 而凤凰为之长; 有毛之虫三百六十, 而麒麟为之长; 有甲之虫三百六十, 而神龟为之长; 有鳞之虫三百六十, 而蛟龙为之长; 倮之虫三百六十, 而圣人为之长。” 可见古人把“虫”分为“有羽之虫”“有毛之虫”“有甲之虫”“有鳞之虫”“倮之虫 (倮同裸, 即无羽、无毛、无甲、无鳞的动物) ”五类, 分别以凤凰、麒麟、神龟、蛟龙、圣人为首。老虎属“有毛之虫”, 又是百兽之王, 称之为“大虫”理可通。唐人避李虎(唐高祖李渊祖父)讳, 忌说“虎”, “大虫”便流行开来。

老和尚为何自称“老衲”?

问: 经常在影视作品中, 见到上了年龄的僧人自称“老衲”, 能解释一下吗?

——浙江　周华

答: 老衲, 是老年僧人对自己的谦称。

老, 本义指年龄大, 与“幼”或“少”相对, 也引申指迟暮、衰败等。如“老媪”即年老的妇女; “老化”即生物体的组织或功能逐渐衰退; “老气横秋”即老年人摆老资格、自以为是, 或是青壮年没有朝气、暮气沉沉的样子; 等等。老, 也常用在相关的词语前面, 表示老年人对自己的谦称。如: 老年男人常谦称自己为“老朽”“老拙”——“老朽走到这边, 只求有吃残的饭, 赐点充饥, 就很感激了。”“长兄年力鼎盛，万不可蹉跎自误。你切记老拙今日之言。”老年妇女常谦称自己为“老身”“老妾”——“老身蔡婆婆，楚州人氏。”“老妾漂流至此，吃尽千辛万苦，留得性命，实属万幸。”

衲，本义为补、缀，引申为拼凑而成。因为僧衣由许多碎布拼缀而成，故称“衲”。后来，“衲”成为僧徒的自称或代称。

老年僧人常以“老衲”自称，如唐代戴叔伦《题横山寺》诗：“老衲供茶盌（wǎn，即“碗”），斜阳送客舟。”也有借用于道士者，如清代蒲松龄《聊斋志异·种梨》：“道士曰：‘一车数百颗，老衲止丐其一。’”

什么是“蓝青官话”？

问：经常在文章中见到“蓝青官话”一语。什么是蓝青官话，“蓝青”是什么意思？

——辽宁省大连市山庄北街　刘新义

答：元明以来，以北京话为中心的北方话被称为官话。因在官场中广泛使用，故称。而夹杂别地口音的官话，旧称“蓝青官话”。如鲁迅《华盖集续编·海上通信》：“同舱的一个是台湾人，他能说厦门话，我不懂；我说的蓝青官话，他不懂。”

蓝青，即不纯正的意思。我国古代颜色观念很严格，有“正色”“间色”之分。正色，指青、赤、黄、白、黑。间色，有多种说法，或指绀（天青色）、红、缥（青白色）、紫、流黄（褐黄色），或指绿、红、碧、紫、骝黄（红中带黄）。正色被视为纯正之色，间色则被视为不纯正的杂色。据典籍记载，蓝青是由青和绿调制而成，连“间色”都不能列入，当然就更加“不纯正”了。所以，“蓝青”比喻“不纯正”的意思。

“钧座”的“钧”字何意？

问：我喜欢看电影电视剧，常发现剧中人在称呼长官时用“钧”字，如“钧座”“钧令”等。能解释一下这个“钧”字吗？

——广西南宁　张志远

答：在古汉语中，钧可指重量单位，三十斤为一钧，也可指制作陶器所用的转轮。后来人们还用钧喻指国家政权。《抱朴子·外篇·汉过》：“阉官之徒，操弄神器，秉国之钧，废正兴邪，残仁害义。”其中的“秉国之钧”，即把持国家政权。词义引申，钧又可以表示重要、重大。如“钧席”即重要职位，“钧录”即重用，“钧枢”即国事重任。大约自宋代，“钧”开始用作敬辞，用于有关尊长或上级的事物或行为，表示对尊长或上级的敬意。如钧听，尊长的听闻；钧令，上级的命令；钧裁，请尊长或上级裁决；钧鉴，请尊长或上级鉴察；钧启，请尊长或上级开启；等等。“钧座”，是旧时对长官的尊称。座，也是个敬辞，旧时称高级长官，表示对长官的敬意。

“锦标赛”是如何得名的?

问: 2011年世界游泳锦标赛在上海举行, 中国体育健儿取得了优异成绩。乒乓球、羽毛球、篮球等也有世界锦标赛。“锦标赛”是体育比赛的一个类别吗? 为什么称“锦标赛”?

——北京　赵强

答: “锦标赛”也称“单项锦标赛”“冠军赛”, 运动竞赛中的一种, 是为了检查某一单项运动发展情况与训练成绩定期举行的比赛。世界锦标赛由各项运动项目的国际组织定期举行, 国家锦标赛由国家体育主管部门或各项运动的全国性协会定期举行, 地方和基层单位也可在各自的范围组织各项运动的锦标赛。

锦标, 本指用锦制作的旗帜, 古代用以赠给竞渡的领先者。唐代白居易《和春深》之十五: “齐桡争渡处, 一匹锦标斜。”宋代文天祥《端午感兴》诗: “楚人犹自贪儿戏, 江上年年夺锦标。”清代潘荣陛《帝京岁时纪胜》: “五月朔至端阳日, 于河内斗龙舟, 夺锦标。”说的都是竞渡者争夺锦标的情况。竞赛优胜者所获得的奖品, 后来也称“锦标”。

现代体育运动中的锦标赛, 一般会给优胜者比较丰厚的奖品或奖金, 其数量要比公开赛高出许多。据报道, 2010年斯诺克世界锦标赛的冠军奖金为25万英镑。正因为如此, 现代体育运动传入中国以后, 这类比赛被称为“锦标赛”。

“箭拔弩张”究竟错在何处?

问:我是一家杂志社的编辑,前不久我编辑的一篇稿子中出现了“箭拔弩张”的说法,编辑室主任说应该改成“剑拔弩张”。我查阅了好几种工具书,确实只有“剑拔弩张”。但我不明白,“箭”和“剑”都是兵器,为什么只说“剑拔弩张”而不说“箭拔弩张”?

——河南郑州　邓晓霞

答:这和“箭”与“剑”的特点有关。

剑,古代兵器之一,长条形,一端尖,一端有短把,两边有刃。春秋战国时期,剑是步兵作战的主要兵器。但到东汉时期,逐渐退出了战争舞台,只作为强身自卫之用。隋代时,形成了佩剑之风。《隋书·礼仪志》载:一品官佩玉装剑,二品官佩金装剑,三品至五品官佩银装剑。唐代佩剑甚至被文人墨客视为表现凌云壮志或尚武英姿的饰物。宋至清代,佩剑之风一直盛行不衰。正因为古人有“佩剑”之风,所以在危急或愤怒的时候,常常“拔剑”自卫或表示不满。弩是古代利用机械力量射箭的弓。弩弓被拉起,说明要开战了。“剑拔弩张”形容形势紧张,一触即发。箭,也称矢,也是古代的一种兵器。箭虽然也可从箭袋中拔出,但古人只在打仗时才带弓箭,平时一般不把这玩意儿带在身上,一般不会“拔箭”自卫,更不会以此表示不满。在战场上“拔箭”射敌,也并非都在形势紧张时。这就是汉语中不说“箭拔弩张”的原因。

“黑匣子”何以称“黑”？

问：2014年发生了几次重大空难，引起全世界关注，“黑匣子”频频被人提及。为什么叫“黑匣子”呢？

——云南昆明　姚文静

答：黑匣子，即飞行记录仪，能自动记录并有效保存各种飞行数据。耐高温、高压，防水，防腐，失事后飞机其他部件可能毁坏，但黑匣子一般完好无损，可提取其中数据分析事故发生原因。现在黑匣子大都漆成橙色或黄色，这种颜色明亮耀眼，便于事故发生后找到。那么，为什么叫“黑匣子”呢？

先介绍一下“黑匣子”的发明过程。“黑匣子”是澳大利亚人戴维·沃伦发明的。在沃伦9岁时，其父亲因空难身亡，而导致空难的原因却始终未能查出。沃伦年幼时就立志从事航空研究，弥补这方面的缺憾。从悉尼大学毕业后，沃伦进入了墨尔本航空研究实验室。1954年，沃伦发表了一篇题为《一种有助于调查空难事故的设备》的学术论文，文中对飞行记录仪提出了构想。1956年，沃伦研制出飞行记录仪的雏形，它可以保存4小时的语音和飞行数据。然而，澳大利亚的航空业界对此不屑一顾。1958年，一个英国航空业代表团访问了墨尔本航空研究实验室，沃伦向英国人展示了自己的发明，英国专家极为感兴趣。不久后，沃伦的发明被安装到了一架英国的飞机上，沃伦还被邀请乘坐这架飞机，自澳大利亚绕道非洲飞行至英国。

飞行记录仪之所以被称为“黑匣子”，主要有两种说法。有人说，早期飞行记录仪所有器件都置于黑色方盒里，故名。有人说，当时沃伦乘坐装有自己发明的装置的英国飞机降落在伦敦后，英国一家报纸为了制造神秘效果，为飞行记录仪取了“黑匣子”这个外号，在英语中“黑”代表神秘。不想，这个外号不胫而走，飞行记录仪竟以外号行世。

是“独角戏”还是“独脚戏”？

问：请教一下，到底是“独角戏”还是“独脚戏”？

——上海市瑞金路　顾遥

答：这和异形词有关。

在现代汉语中，人们常见的是“角色”一词，这个“角”字又衍生出主角、配角、生角、旦角、名角、丑角、扮角、捧角等一个词族。其实在古代，“角色”是称之为“脚色”的。

“脚色”原和演戏无关，其本义犹如今天的“履历”。宋代时你想做官，必须先提交脚色状，其中包括个人的姓名、年龄、出身、籍贯以及生活经历、三代名衔，甚至还包括犯罪记录。这在古籍中可以找到大量书证。为什么称“脚色”呢？和称履历似有相类之处。履义为鞋子，和走路有关，履历反映的是人走过的道路，即人的经历；同样，脚也和走路有关，脚色即不同的人走过的人生道路。

由于脚、角同音，“脚色”有时也写为“角色”，两者逐渐成了一组异形词。《京本通俗小说·碾玉观音》中便有这样的用法：“写了他地理角色与来人，到临安府寻见他住处，问他邻舍，指道：‘这一家便是。’”此处的“角色”，正是义为履历的“脚色”。

“舞台小天地，天地大舞台。”戏曲是人生的缩影。戏曲中的人物各有各的经历，于是这些人物自然而然地成了“脚色”，扮演这些人物的演员随之也被称为“脚色”。不同的时代有不同的用字习惯。在“脚色”和“角色”这一组异形词中，更多的人选用的是“角色”，特别是上一世纪《申报》等媒体推波助澜，“角色”的影响越来越大，到今天几乎已是一统天下。

“独脚戏”是1920年后流行于江南地区的曲艺样式。刚兴起时，因为只有一个人表演，时人称之为“独脚戏”。这一名称在“角色”流行时已经定型，所以至今仍有人使用，保留了语言发展的历史痕迹。

何谓“吊瓜子”？

问：采购年货时，看见商场炒货柜台有一种热销的瓜子，叫作“吊瓜子”。请问这个“吊”字是什么意思？

——上海　章敏

答：“吊瓜”是一种瓜名。商场里销售的“吊瓜子”，便是用这种瓜的子炒制而成的。吊瓜，学名栝（guā）楼，葫芦科多年生草质藤本植物，因该瓜的果实都是悬吊在支架上，故民间俗称其为“吊瓜”。吊瓜在中国各地都有分布，据《本草纲目》记载，栝楼子具有清肺、化痰、止咳、润肠、通便等功效。

半夜为何称“午夜”？

问：“午”是十二时辰之一，指白天约11时至13时。可为什么半夜又称“午夜”呢？

——广西南宁 洪振涛

答：这是一个挺有趣的问题。据《玉篇·午部》：“午，交也。”十二时辰中的午时，正是一个前后相交的时段，在此之前称上午，在此之后称下午，12时左右便称中午、正午。这“中”“正”二字，正说明了其时是一个中点。同样，半夜也是一个中点，由此分出了上半夜和下半夜，所以半夜又可称为“午夜”。宋高似孙《纬略·五夜》另持一说：“所谓午夜者，为半夜时如日之午也。”半日称“午”，半夜也称“午”，认识上具有一致性，这似乎也是顺理成章的。

白色恐怖：“白色”是什么意思？

问：在读革命史时，常见到“白色恐怖”“白色统治”“白色政权”等短语，“白色”的意思当是“反动”。为什么反动的称“白色”呢?

——浙江省杭州市浙大路　顾春

答：一般认为，“白色”的这个用法来自法国大革命时期，所以要弄清其含义，还得回顾一下相关的法国历史。

1589年波旁王朝开始统治法国，厉行封建专制统治。17和18世纪之交，波旁王朝逐渐由盛走衰，社会矛盾日益激化。法国大革命爆发后，1792年波旁王朝被推翻，路易十六被送上断头台。1814年波旁王朝复辟，路易十八上台。1830年，法国七月革命爆发，波旁王朝在法国的统治被终结。

波旁王朝复辟后，设立军事法庭和特别法庭，审讯革命者，镇压异教人士，废除法国大革命时期的政策，加强报刊检查，限制新闻出版自由，恢复封建专制权力，对法国重新实施反动统治。由于波旁王朝的国旗是白旗，其反动统治便被称为“白色统治”。“白色”因此附加上了“保守”“保皇”“反动”等含义。后来“白色”的这一含义被欧洲其他语言吸收，如英文中的“白色”就有“反动的”“反革命的”“极端保守的”“保皇的”等含义。

上世纪二三十年代，汉语中也开始用“白色”象征“反动”。毛泽东《中国社会各阶级的分析》(1925年)：“一面是白色的反革命的大旗，国际联盟高举着，号召全世界一切反革命分子集合于其旗帜之下。”鲁迅《且介亭杂文·关于新文字》(1934年)：“然而他们却深知道新文字对于劳苦大众有利，所以在弥漫着白色恐怖的地方，这新文字是一定要受摧残的。”

闭门造“chē”还是闭门造“jū”？

问：某教授在授课时，几次用到“闭门造车”，都把“车”读成jū。听课的同学议论纷纷。请问这种读法对吗？

——江苏徐州　谭敦容

答：“车”是个多音字。《广韵》注“车”的读音为“尺遮切”，即chē；又注为“九鱼切”，即jū。现代“车”的读音逐渐趋向单一，除象棋中的一种棋子“车”仍读jū外，其他各义项通读为chē。成语“闭门造车”中的“车”，应以读“chē”为规范。

《千里走单骑》的“骑”怎么读？

问：张艺谋执导的《千里走单骑》上映了。“单骑”一词，我听见电视主持人有的读“单qí”，有的读“单jì”。这两种读音都可以读吗？

——吉林长春　单亚虹

答：不可以。“单骑”的意思，是一人一马。“骑”本有两个读音，一读qí，这是动词，指一种两腿跨坐的动作；一读jì，这是名词，主要指供人骑的马，或指骑马的人。据此，“单骑”应读“单jì”，不过，这是旧读。1985年国家语委等部门公布了《普通话异读词审音表》, 明确规定“骑”字统读为qí。所谓“统读”, 即表示此字用于任何词语中, 都只读一个音。电视主持人在这一文件公布以后把“单骑”读成“单jì”, 是不规范的。

象棋“车”为何读jū?

问: 我是个象棋迷, 有一个问题请教, “车”不是读chē吗, 象棋中为什么读jū?

——上海市大华路　王双林

答: 象棋是中国传统益智运动, 起源于先秦时代的博戏。博戏黑白各六子, 博法已经不可考, 因棋子常用象牙制成, 故称象棋。也有人认为, 象棋的“玩”法来源于两军交战, 其“象”是“象征”的意思, 象棋即象征两军交战的棋类运动。据典籍记载, 大约在唐代, 象棋的形制及“对弈”之法, 已经与后世很相似了。象棋的最终定型, 是在宋代末年。

象棋中的“车”确实都读jū。

车, 是汉代才读chē的, 此前的读音是jū。汉代刘熙载《释名》: “车, 古者曰车, 声如居, 言行所以居人也。今曰车, 车, 舍也, 行者所出, 若车舍也。”意思是: 车既可以看成行人“居”住的处所, 也可看成行人出入的房“舍”。汉代以前 (古) 读jū, 是取前者之义; 汉代 (今) 读chē, 是取后者之义。刘熙载对车字音义关系的解释是否正确姑且不论，不过，查上古音手册，车确实有两个读音，一为昌母鱼部（即chē），一为见母鱼部（即jū）。车的jū音一直保留在古汉语中。《广韵》中所收“九鱼切”，即jū音。南朝张正见《帝王所居篇》、元代王逢《忆旧游》等等，“车”直接与“居”押韵。从诗韵用字看，直到清代，“车”还可与“居”或“居”的同韵字押韵。可见，古汉语中，车一直可读jū。现代汉语中，车读chē，jū的读音基本消失，只保留在象棋中。

为什么象棋中“车”一直保留着古音jū呢？这与专名读音的稳定性有关。在语音的发展演变中，与通用语相比，专名有很强的稳定性。很多古音，都在专名中保留了下来，古今没有大的变化。如六安的六不读liù而读lù，单于的单不读dān而读chán，皋陶的陶不读táo而读yáo，阿房宫的房不读fáng而读páng，等等，这些音都是古音。

“爪”的两种读音有什么区别？

问：爪，我习惯读zhǎo，但经常听到别人读zhuǎ。这两种读音有区别吗？

——山西太原　郑弋

答：“爪”是一个象形字，像手心向下的样子，《说文》中说“覆手曰爪”。本义指人的指甲或趾甲，引申指鸟兽的有尖甲的脚或脚上的尖甲。它确实既可读zhǎo，也可读zhuǎ；区别在于，zhǎo是书面读音，zhuǎ是口语读音。凡已经定型的书面词语，如爪牙、魔爪、雪泥鸿爪、张牙舞爪，习惯上读zhǎo不读zhuǎ；口语中关于小动物或家养动物的爪儿、爪子，习惯上读zhuǎ不读zhǎo，如鸡爪儿、猫爪子。

“薄壳结构”的“薄”怎么念？

问：我们办公室的语文老师在讨论书上的句子：“薄薄的鸡蛋壳……薄壳结构。”前两个“薄”字肯定读báo，后一个“薄”该念什么音呢？bó吗？

——江苏太仓　崔芳

答：“薄”作为形容词，表示与“厚”相对的概念时，有两种读音，一读báo，一读bó。两种读音的“薄”意思其实是一样的，它们的区别在语体色彩不同。读báo，是白读，也就是口语中的读法，此时的“薄”一般是单独作形容词用，如“薄棉袄”“这种纸很薄”等。读bó，是文读，也就是书面语中的读法，此时“薄”一般用在合成词和成语当中，如“薄弱”“薄命”“薄情寡义”“如履薄冰”等。

“薄壳结构”是个词组，比较正式，书面语色彩较浓，其中的“薄”念bó较合适。

“陈寅恪”的“恪”字怎么读？

问：有一次在看中央电视台的一档访谈节目时，听到主持人把大学者陈寅恪名字中的“恪”字读成què。可是查遍手头的工具书，发现“恪”字只有一个读音kè。请问这是怎么回事？

——贵州贵阳　赵先生

答：“陈寅恪”中的“恪”应该读kè。关于这个问题，《咬文嚼字》1997年第9期曾经刊发过郑茵先生的考证文章。现撮要介绍一下，谨供参考。

“恪”字在民国以前，只有一个读音，折合成现代普通话的读音，就是kè。然而到了民国初年，出现了新情况。商务印书馆于1915年（民国4年）出版的《辞源》（今通称“旧《辞源》”），其“恪”字条下的注音是：“可郝切（即kè），亦读如却（即què）。”这个又读音，后来被某些辞典所承袭，如1947年商务版《国语辞典》和1979年上海辞书版《辞海》。

这一又读音的产生，可能是因为，清朝末年，一些学习粤方言或通过粤方言学习官话（亦称国语，即普通话）的识字课本的注音方式夹有直音字，而“恪”字的粤音直音字一般被标作“确”或者“却”（粤语中“却”的读音与“恪”相似）。这些课本流行于民间，影响深远。旧《辞源》很可能就是根据这些注音资料，在“恪”字条下加注“亦读如却”的。

què作为“恪”字的又读音，虽然收进了旧《辞源》，但由于来自方言，于古无征，所以一直没有得到官方的认可。到了1985年12月发布的《普通话异读词审音表》中，更明确规定：“恪”统读为kè。所以，今天的“恪”字，不论用在什么地方（包括人名），都只应读kè而不读què。有资料表明，陈寅恪先生也认为自己名字中的“恪”字读kè。

“悠然见（xiàn）南山”？

问：曾经很喜欢看央视二套节目中的《马斌读报》。有一次，一位读者指出马斌读陶渊明诗“采菊东篱下，悠然见南山”时，将“见”读作jiàn，不对，应该念xiàn，马斌欣然接受。主持人的谦虚态度令人钦佩，但此处的“见”似乎不应读xiàn，我的看法对吗？

——甘肃兰州　李永慧

答：见，音jiàn，意为看见；音xiàn与“现”通，意为呈现。古诗中，“见”的读音要根据上下文来判断。“君不见，黄河之水天上来”，此处应读jiàn。“天苍苍，野茫茫，风吹草低见牛羊”，敕勒川中草茂畜肥的丰饶景象如在目前，此处“见”应读xiàn。

“采菊东篱下，悠然见南山”，叙述诗人悠然自得的生活行为，强调的是诗人的行为与感受——居东篱之下而采菊者，诗人也；于见南山之一瞥中而悠然者，亦诗人也。“见”是诗人发出的行为，“悠然”是诗人的感受。若将“见”理解为“现”，就成了南山隐藏在菊花之后，由于菊花被采南山才呈现出来。如此理解既不符合诗人此时的心境，更违反了生活的逻辑。

苏东坡在《题陶渊明〈饮酒〉诗后》中称："近岁俗本皆作'望南山'，则此一篇神气都索然矣。"后代研究者多从苏说，认为此处用"见南山"远胜"望南山"。这个俗本的存在说明"见南山"的"见"，意思与"望"基本相同，应当念jiàn，而不是xiàn。

"确凿"到底怎么读？

问：在近期的影视作品中，常常听到"证据确凿"，可有人读"确凿（záo）"，有人读"确凿（zuò）"。请问"确凿"到底应该怎么读？

——天津　阎侃

答："凿"字曾有záo、zuò两个读音，表示"凿子"这个工具或是"用工具打孔或挖掘"，读záo；表示"真实、明确"时读zuò。"确凿"的意思是"非常确实"，按照这个读音分工，其中的"凿"应念zuò。

然而1985年底，国家三部委联合发布了《普通话异读词审音表》，其中规定，"凿"统一读为záo。也就是说，无论"凿"是什么意思，在国家语音规范颁布之后，它的读音只有záo是规范的。

这一规定已渐渐为社会接受。翻查辞书，1985年之前的都注两读，而之后的则多注záo音。也有个别的词典（比如《现代汉语词典》）考虑到部分读者长期形成的语音习惯，附带说明一下

“凿”旧读zuò。然而，从规范的角度说，“确凿（záo）”是应该提倡的，而“确凿（zuò）”的读法则应通过适当的引导，让它逐渐退出历史舞台。

“丘”为什么读mǒu？

问：幼时读《论语》：“天下有道，丘不与易也。”当时老师说：“丘，圣讳，读为mǒu。”可是我查了好多辞书，都没有说“丘”可以读“mǒu”的。请问，历史上“丘”是否真有这一读音？如果有，始于何时？

——湖北十堰　王文求

答：“丘”字本身没有mǒu音，这是古代避讳制度带来的问题。

《经史避名汇考》（清周广业撰）卷四〇载：“宋人引书遇圣讳，皆改为‘某’。《古文苑·张超〈尼父赞〉》章樵注引《史记》，改曰‘某’……今诵读文字，遇圣讳以‘某’代之，沿宋例也。”

据此可知，从宋朝开始，古人碰到圣人孔丘的名字“丘”时，不能据其字音直读，必须改为“某”字，读成mǒu音。这种做法，现在看来很荒唐，当时却是事实。了解了这一情况，就可以知道，“丘”与“某”完全是两个不同的字，现在已经没有必要将“丘”读成“某”了。

“质本洁来还洁去”的“还”怎么读?

问:《红楼梦》中的《葬花吟》有一句“质本洁来还洁去”,这里的“还”字,有人读hái,有人读huán。请问哪个读音正确?

——山东高密　高学仁

答:“还”作副词用时,读hái,比如“十年没见了,她还那么年轻”“改完作业,还要备课”等;作动词用时,读huán,比如“还乡”“偿还”“以牙还牙”等。“质本洁来还洁去”的“还”字,应该念hái,句中作副词用,与前面的副词“本”字呼应,意思为“仍旧”。这句诗表示自己经历一番人世风雨之后,依旧要带着纯洁无瑕的身心逝去。

“乐羊子”的“乐”怎么读?

问:我是一名编辑。在最近编辑的一本学生读物中,有古代乐羊子的妻子劝学的故事。请问“乐羊子”的“乐”,是读yuè还是lè?

——北京　周一士

答:“乐羊子”,或以“乐羊”为复姓,或以“乐”为单姓,此“乐”字均读yuè。乐羊子的妻子以织布为例,规劝丈夫学习要持之以恒。这则著名的劝学故事,最早出现在《后汉书·列女传》中。书中对“乐”字并未注音。当代出版的《中华姓氏大辞典》(教育科学出版社，1996年版）收有“乐羊”条，对“乐”的注音是yuè。顺便说一句，战国时名将乐毅，他的姓“乐”也读yuè。

“全武行”的“行”如何读？

问：经常看到“全武行”的说法，其中的“行”有人读háng有人读xíng。请问这个“行”字怎么读才准确？

——湖南娄底　吴振国

答：“全武行”的“行”，原为戏剧中“行当”的意思。京剧戏班的舞台表演人员有“七行”之称。七行包括老生行、小生行、旦行、净行、丑行、武行和流行。武行又包括武生、武净、武丑、武旦以及其他扮演有武艺的演员，现在也通称在武戏中担任英雄、打手、兵勇、喽啰等专门从事武打的角色。因此，“武行”就是武打这一行当。前面加上“全”字，就指各种角色的武打，用于生活中，则引申指很多人参加的暴力行为。这个“行”字既然原指“行当”，那就应该读háng，不能读xíng。

“泽被乡里”的“被”怎么读？

问：曾在一部电视剧中看到一块匾额，上书“泽被乡里”四个字。这个“被”有人读bèi，有人读pī，究竟该读什么音？

——广东韶关　黎青枫

答：在古代，“泽”和“被”经常连用，但它们并没有结合成一个词。“被”有时放在“泽”前，而且中间还可插入其他字词，例如《汉书·严助传》中的“南越被泽”，《后汉书·郎𫖮传》中的“广被恩泽”。两例中的“被”字，前者可释为“承受”，后者可释为“施加”。但在大多数情况下，“泽”和“被”连用都是“泽”前“被”后，而且中间不插其他字词，如“泽被生民”“泽被四海”“泽被无疆”等等，其中的“被”都是“施加”或“遍及”之意，在所有古汉语字、词典中一律读bèi。当然，“被”还有另外的读音pī，但读pī音者其义通“披”，它有“穿着”“披着”“将衣搭在肩背”等意思，用于“泽被”而义为“施加”或“遍及”的“被”，只能读bèi而不读pī。

“量体裁衣”的“量”怎么读？

问：“量体裁衣”是一个使用频率很高的成语，其“量”有人读liáng也有人读liàng，这个字究竟如何读才准确？

——江苏　张岚

答：“量”有两个读音，可读liáng也可读liàng。

读liàng，本指测量东西多少的器物，如斗、升等。后引申指衡量、估摸、比照、按照等意思。如“量力而行”即估量本身的力量而采取行动，“量才录用”即衡量才能的大小决定录取任用，“量能授官”即根据才能授予官职，“量入为出”即依据收入的多少来决定支出。

读liáng，意思是用尺、容器、秤或其他器具作为标准来测定某物的长短、多少、轻重或其他性质。一般都可用精确数据表示。

“量体裁衣”是个成语，意思是按照身材裁剪衣服，比喻根据实际情况办事。“量”是“按照”的意思，所以应该读liàng。《现代汉语词典》《现代汉语规范词典》《汉语大词典》《汉语成语考释词典》等权威工具书都把这个词中的“量”注成liàng。

也许有人会说，裁剪衣服的时候，不是要用尺子量脖颈、肩膀、手臂等身体的尺寸吗？“量体裁衣”的“量”读liáng，理解成“量尺寸”，为什么不行呢？这种说法有一定道理，这可能就是一些人把这个字读成liáng的原因。问题是，“量”的对象是“体”，而不仅仅是脖颈的大小、肩膀的宽度、手臂的长短等。“体”的结构非常复杂，除了脖颈、肩膀、手臂等的尺寸外，还包括肩膀的弧度、腰身的曲线等等，都很难用尺子准确量出来。可见，把“量体”的“量”理解成“根据”“按照”比理解成“量尺寸”更合理一些。这可能是权威工具书把“量”注成liàng的原因。

所以，“量体裁衣”的“量”，我们推荐读liàng，建议读者朋友最好不要读liáng。

“没羽箭”的“没”读什么音?

问:最近新版《水浒传》在荧屏热播,作为超级“水浒迷”,我自然一集不落地收看。张清的外号“没羽箭”,其中读的是“mò羽箭”,而有朋友认为应该读“méi羽箭”。到底应该如何读?

——江西　张宇

答:张清是“一百单八将”之一,原为东昌府猛将,善打飞蝗石,百发百中,人呼“没羽箭”。梁山军攻打东昌府时,张清用飞石先后打败双鞭呼延灼、赤发鬼刘唐、青面兽杨志、美髯公朱仝、插翅虎雷横等十五员战将,后被吴用用计逼入水中,为梁山水军头领阮氏兄弟捉住,归顺梁山。

张清不以“弓箭”为武器,“没羽箭”显然说的是他手中的“飞蝗石”。古代有个成语叫“射石饮羽”,意思是箭射到石头里,隐没了箭尾的羽毛,形容发箭的力量极强。如果将“没”读成mò,义为“淹没”“隐没”,“没羽箭”即隐没箭羽于石中的箭,以此比喻“飞蝗石”似乎不太合理,因为“飞蝗石”根本就没有“羽”。如果说的是张清打飞蝗石非常有力量,可以深入石头之中,这似乎太夸张了!如果真是如此的话,被他打过的呼延灼等人还会有命吗?况且《水浒传》中说的也是张清飞蝗石打得准,而非一石毙命。如果将“没”读成méi,义为“没有”,“没羽箭”就是没有箭羽的箭,用以比喻“飞蝗石”十分形象。我们认为,“没羽箭”的“没”读méi比读mò合理一些。

“磨（mó）豆浆”还是“磨（mò）豆浆”？

问：最近，多家媒体报道了“肯德基的醇豆浆并非现磨，而是用豆浆粉冲制而成”这一新闻。我听到不少电台的主持人都把“现磨”的“磨”读成mó。请问他们读得正确吗？

——重庆　王德铭

答：不正确，“现磨”的“磨”应读mò。

“磨”是一个多音字。读mó时，可表示多种动作行为，如用磨具加工玉石等坚硬材料、磨砺、消磨、折磨等；读mò时，专指加工粮食用的器具——磨及其引申义，如磨盘、磨面粉等。

在表示加工物品这一意义上，磨（mó）在整体上不破坏器物的形状，目的主要是使器物变得光亮、锐利，比如“如切如磋，如琢如磨”“磨杵成针”等；磨（mò）则是碾碎粮食等食品原料，使之变成粉状。现磨豆浆，就是现场把豆子磨成豆粉，再调制成豆浆。所以，“现磨”的“磨”应该读mò。

“画图省识春风面”的“省”怎么读？

问：杜甫的诗《咏怀古迹（其三）》中有一句“画图省识春风面”。请问其中的“省”字怎么读？

——四川广元　钟荣

答：“省”是一个多音字，在此处读shěng，作副词用，意思是尝、曾经。“省识”，就是曾经识得。杜诗是咏怀王昭君的。传说，由于汉元帝的昏庸，后宫队伍庞大，来不及一一面见，只看画工画的宫人们的肖像，以此来评判美丑。画师毛延寿向王昭君索贿，遭到痛斥后恼羞成怒，将画好的美人图加以丑化，以至昭君入宫数年，不得见君主一面。“画图省识春风面，环佩空归月夜魂。”这两句诗逻辑上是因果关系。大意是说，汉元帝曾从图画里略识昭君，实际上并没有见过她本人，所以就造成了远嫁塞外的结局。

在古代诗词中，“省”字表示曾经义的用法并不罕见。比如：唐岑参《函谷关歌送刘评事使关西》：“野花不省见行人，山鸟何曾识关吏。”其中的“不省”，就是未曾。

“嫦娥奔月”的“奔”如何读?

问：请问“嫦娥奔月”的“奔”读成bèn，对吗?

——云南昆明　周潜超豫

答：正确。“奔”字有两读，读音不同，用法也不一样。读bēn时，有疾跑、匆忙去做（某事）、逃跑等义，如“狂奔”“奔走相告”“私奔”等。读bèn时，指径直向目的地走去，如“直奔工地”“奔向小康”；也可指年纪接近四十岁、五十岁等，如“他是奔五十的人了”；还可虚化引申，作介词用，义为朝、向，如“渔轮奔渔场开去”。

在表示快跑、行走义时，“奔（bēn）”不强调方向、目的，而“奔（bèn）”强调方向、目的。“嫦娥奔月”，月亮是嫦娥去往的具体目标，所以“奔”字应读bèn。

“背包”的“背”怎么读？

问：“背包”是常用之物，有人读bèi包，有人读bēi包。究竟应该怎么读？为什么？

——上海市黄浦区　欧阳琼

答：读bēi比较好。背是个多音字，一读bèi一读bēi。读bèi时，作名词用，指背部，即躯干上跟胸和腹相对的部分。读bēi时，作动词用，指用背部驮。背包，是指可以背（bēi）在背（bèi）上的包。“背”读bēi还是bèi呢？如果“背”指的是携带方式（背负），显然应读bēi；如果“背”指的是携带部位（背部），显然应读bèi。

我们知道，除了背包之外，还有挎包、提包等。挎包是指挎在肩上的包，提包是指提在手中的包。“挎”“提”指的都是携带方式。如果按照此思路，“背包”的“背”应该指的是携带方式，即背负，所以应读bēi。

“天上的星星参北斗”的“参”读何音?

问:《好汉歌》是旧版电视连续剧《水浒传》的主题曲,许多人都会唱,其中“天上的星星参北斗”一句中的“参”我一直唱cān,但有人说应读shēn。请问:究竟应该怎么读?为什么?

——山东莱芜　李荣

答:1998年版电视连续剧《水浒传》主题曲《好汉歌》,是著名歌唱家刘欢演唱的,其中的“参”刘欢唱的是cān,但一直有人质疑,觉得应该读shēn。《咬文嚼字》编辑部就时常接到读者来信或来电,询问这个字的读法。其实,刘欢唱的是对的,这个字在这里应读cān,不能读shēn。

“参”即参拜,“天上的星星参北斗”即“天上众星参拜北斗”之意。

我们知道,地球绕自转轴自西向东转动,而自转轴的北端始终指向北极星附近。因此,在北半球看星空,以观看者为参照点,看到的是众星围绕北极星而旋转。而北极星在北斗七星附近,在地球上看星空,人们自然会觉得众星在围绕北斗旋转。这就是“天上的星星参北斗”说法的来历。

“参”读shēn时,可表星名,二十八宿之一,位西方。在东方也有一颗星,叫商星。此二星此出彼没,不同时在天空中出现,所以古汉语中常以“参商”比喻亲友不能会面或感情不和睦。如“人生不相见,动如参与商”“兄弟参商”等等。如果把“参”读作shēn,“天上的星星参北斗”无法讲通。

可能有人粗略知道“参”读shēn时是星名，而“北斗”正是天上的星星，于是主张上述歌词中的“参”读shēn。这其实是对天文知识的一知半解。

“期颐”的“期”如何读？

问：我很喜欢收看央视2套播出的《开心学国学》，这是一档很让人长知识的节目。有一期，主持人王小丫把“期颐”一词读为jīyí，后来我翻阅工具书，发现《辞海》注的音确实是jīyí，而《现汉》注的是qīyí。请问“期颐”的“期”究竟应该如何读？

——贵州贵阳　赵晓明

答：“期颐”的“期”应该读qī，王小丫的读法及《辞海》的注音不恰当。

“期颐”指一百岁，语本《礼记·曲礼上》：“百岁曰期颐。”郑玄注：“期，犹要也；颐，养也。不知衣服食味，孝子要尽孝道而已。”郑玄的意思是，人到一百岁，衣食不能自理，孝子要尽孝道周全照料，“期颐”的意思是“需要颐养”。郑玄把“期”释为“要”，“要”义同“期望”，“期”显然应读qī。清人孙希旦《礼记》集解引宋代方悫语：“人生以百年为期，故百年以期名之。”意思是，人生以百岁为期限，这就是“期颐”指称“百岁”的原因。这里把“期”解释为“期限”，显然也应读qī。

期，确实可读jī，但它指的是一周年、一整月或一昼夜，未见有指“一百年”的用例，也未见有训家做如此解释。

几乎所有工具书，如《汉语大词典》《汉语大字典》《辞源》《现代汉语词典》《现代汉语规范词典》等，都把“期颐”的“期”字注音为qī。《辞海》注jī，无疑是个失误。不过，2009年出版的新版《辞海》改注qī了，这是值得肯定的。王小丫显然是按旧版《辞海》读的。

“当（dāng）年”和“当（dàng）年”有什么区别？

问：电视新闻中常碰到“当（dāng）年”和“当(dàng)年”。请问二者有区别吗？

——广西桂林　浩清

答：“当（dāng）年”和“当(dàng)年”有区别。

“当”的后面加上时间词（如“当时”“当日”）时，“当”字怎么读是有讲究的。读dāng时，指过去，如“当时”即那时候，“当日”即那一日；读dàng时，指同一时间，如“当时”即同时、立即，“当月”即同一个月。

同样的道理，“当（dāng）年”指过去某一时间，如“回想当年下乡做知青的日子，她泪流满面”；“当(dàng)年”指本年、同一年，如“公司当年投产，当年就见效益”。不过，“当(dāng)年”除了作时间词用外，还有一个义项：表示处于身强力壮的时期、处于合适的年龄段，如“初中生十三四岁呀，学外语正当年”。

“鬓毛衰”的“衰”怎么读？

问：今天翻儿子的语文书，发现唐诗《回乡偶书》里的“乡音无改鬓毛衰”的“衰”字，注音居然是shuāi。不是应该读cuī吗？

——新浪微博一博主

答：《回乡偶书》的全诗是：“少小离家老大回，乡音无改鬓毛衰。儿童相见不相识，笑问客从何处来。”其中的“衰”字应读shuāi。“衰”是多音字：读cuī，指古代用粗麻布制成的毛边丧服，或指由大到小依照一定的等级递减；读shuāi，指力量等减退、衰落、衰败、枯萎等。“鬓毛衰”的意思是人老时鬓发稀疏脱落。据义定音，其中的“衰”自然应念shuāi。然而，许多唐诗选本、光碟、语文教材，为了解决今音不同韵的问题，特地把“衰”的原来读音shuāi改为cuī，以便与“回”押韵。这是没有依据的，也是不必要的。

唐诗的押韵情况比较复杂。比如，在唐诗里，“回”和“来”虽不在同一个韵部，但是可以同用。举两个常见的例子，注意其中“回”与“来”是在押韵的位置。李白《望天门山》：“天门中断楚江开，碧水东流至此回。两岸青山相对出，孤帆一片日边来。”杜甫《登高》：“风急天高猿啸哀，渚清沙白鸟飞回。无边落木萧萧下，不尽长江滚滚来……”贺知章把“回”“衰”“来”三字拿来押韵，可能用的是家乡越州永兴（今浙江萧山）的方音韵。对照现在该地的方音，三个字的韵母十分接近，念起来相当和谐。

我刊2001年第2期刊有《“鬓毛衰”的“衰”不读cuī》一文，欢迎参阅。

巴金字“芾甘”的“芾”怎么读？

问：文坛泰斗巴金原名李尧棠，字芾甘。其中的“芾”字该怎么念？

——广西桂林　李凡明

答：“芾”字有两个读音：一个是fèi，只用在词语“蔽芾”中（“蔽芾”是古汉语常用词，有多个含义，包括“茂盛”“荫庇”“植物幼小或树叶初生貌”等）。另一个是fú，指草木茂盛；也同“黻”，宋朝书画家米芾，也作米黻。

李芾甘，应该读作“李fèi甘”。巴金原名“尧棠”，字“芾甘”。按照名和字相关的原则，他的名和字都应取义于《诗经·召南·甘棠》：“蔽芾甘棠，勿翦勿伐。”相传西周的召伯曾在棠树下听讼断狱，办理政事，公正无私，使官民各得其所，天下大治。后人因作《甘棠》诗歌颂其政绩。甘棠，即棠梨，乔木，树冠如伞，树阴浓密。“蔽芾”是描绘甘棠枝叶繁茂的样子的（朱熹集传：“蔽芾，盛貌。”）；其中“芾”的读音，《汉语大词典》《辞海》《现代汉语词典》等工具书均注音fèi。

“羽衣霓裳”的“裳”读什么？

问：在“羽衣霓裳”“霓裳曲”中，“裳”字怎么读？

——陕西西安　宁德育

答：“羽衣霓裳”“霓裳曲”的“裳”，应该读cháng。古代有“上衣下裳”（原写作“常”，“常”和“裳”是古今字）的说法。凡“衣”与“裳”对举的，“衣”即指上身的衣衫，“裳”则指下身的裙子。“霓裳”本谓神仙的衣裳，相传神仙以云为裳。《楚辞·九歌·东君》：“青云衣兮白霓裳，举长矢兮射天狼。”汉代王逸注：“青云为上衣，白霓为下裳。”

古代还有“罗裳”“锦裳”等词语，现代有时还有人在用，这些“裳”字也都读cháng。要言之，凡古诗文中的单音词“裳”，以及除“衣裳”以外的复音词中的“裳”，应一律读cháng。而作为“衣服”同义词的“衣裳”，现已经成为常用词，其中的“裳”改读轻声。

“生肖”的“肖”怎么读?

问: 快过年了, 羊年即将到来, 有关“生肖”的话题又多起来。“生肖”的“肖”我一直读xiāo, 一位同事说应读xiào。到底该如何读, 为什么?

——江苏淮安　韩彦成

答: 应读xiào。生肖是与十二地支相配的十二种动物, 用来标记人的生年。它们是鼠(子)、牛(丑)、虎(寅)、兔(卯)、龙(辰)、蛇(巳)、马(午)、羊(未)、猴(申)、鸡(酉)、狗(戌)、猪(亥)。有学者说, 这十二种动物, 最初可能来自北方游牧民族的纪年之法, 由于民族交往或融合, 才与华夏民族干支纪年法中的十二地支结合了起来。清代学者赵翼在《陔余丛考》中说:“盖北俗初无所谓子丑寅卯之十二辰, 但以鼠牛虎兔之类分纪岁时, 浸寻流传于中国, 遂相沿不废耳。”从文献看, 干支最早出现在甲骨文中, 十二地支与十二种动物相结合, 可能始于春秋战国之交, 成熟于东汉时期。

十二种动物与干支纪年的十二地支结合后, 古人认为, 人出生在某年就肖(类似)某种动物, 即在运程、性格等方面与这种动物有相似之处, 如子年出生的人肖鼠, 丑年出生的人肖牛。肖是“类似”的意思。肖是个多音字, 可读xiāo也可读xiào。读xiāo时, 现在主要用在姓氏中, 当“类似”讲时应读xiào。可见,“生肖”的“肖”应读xiào。“肖像”“惟妙惟肖”“不肖子孙”等词中的“肖”, 都是“相似”“类似”的意思, 都应读xiào。

“调休”的“调”读diào还是tiáo?

问：根据国务院规定，2015年2月18日至24日放春节假。领导跟我商量，让我调休，19日（大年初一）到单位值班，25日补假。“调休”的“调”领导读的是tiáo，而平时很多人都读diào，究竟应该怎么读？

——湖北荆门　张怀远

答：应读tiáo。“调”是个多音字，既可以读tiáo也可以读diào。读tiáo时，意思是调整；读diào时，意思是调换。调整，是对某物原来的某种状态进行适当的改变，如：调整心情；调整领导班子。调换，即更换，如：调换任课教师；这根木头很细，调换一根粗的。

调整某物是对某物的状态做局部改变，调整之后还是“某物”。如张三心情不好，经过调整后心情好了，这个好的心情还是张三的；某单位领导班子组成结构有问题，做适当调整后，还是此单位的领导班子。

调换，是以此物代替彼物，某物被调换之后就是另一物了。如某班调换了任课老师，给这个班上课的就不是这个老师了，而是另外的人；木头调换了，也不是原来的木头了。

“调休”一词中的“调”，到底是“调整”还是“调换”呢？

“调”的对象“休”，无疑指的是“休假期”，如春节休假期、五一劳动节休假期、十一国庆节休假期等等。某个休假期被“调”以后，变化的仅仅是这个休假期的时间，或者其中的某一天，或者其中的某几天，或者是整个休假期的时间，而休假期的性质并未改变，原来是什么假还是什么假。比如在2015年春节假期中张先生19日上班，25日补假，25日张先生休的还是春节假。再如2015年4月4日、5日、6日放清明节假，如果某人这几天都值班，而7日、8日、9日休假，要是问7日、8日、9日这三天他休的是什么假，回答一定是“清明假”。

可见，“调休”是对休假期进行“调整”，而非“调换”，其“调”应读tiáo。《现代汉语词典》《现代汉语规范词典》等工具书，也都将“调休”的“调”，注音为tiáo。

温庭筠的“筠”如何读？

问：人教版高中语文《中国古代诗歌散文欣赏》中收有唐代词家温庭筠的《菩萨蛮》，温庭筠的“筠”如何读，注释没有注音。我一直读jūn，有同事说应读yún。“温庭筠”的“筠”究竟如何读？

——上海市打浦路　吴铭

答：应当读yún。

温庭筠（约812—866），本名岐，后改名庭筠，字飞卿，太原（今山西省太原市西南）人。多次考进士均落榜，一生不得志。在词史上，温庭筠与韦庄齐名，并称“温韦”。有《花间集》遗存，被后世尊为“花间词派”鼻祖。

据学者研究，温庭筠是为应科举考试而改名的。温岐早年名满天下，文采在晚唐诸贤之上，但恃才不羁，得罪了朝中权贵。如果用本名去应考，肯定落榜，于是改名“庭筠”。也有人说，他是因为卷入了朝廷政治纷争，而改名应试的。可备一说。温庭筠籍贯太原，但幼时即随家客居江东，有学者考证，其寄居地在今无锡一带。改名一事，就发生在此地。

筠读yún，本指竹的青皮，也泛指竹皮，引申指竹子，还可指竹制的笛类管乐器。“庭筠”可解释为庭院中的竹子，温庭筠的寄居地江南无锡一带有在庭院中植竹的习俗。据史料记载，温庭筠音乐才华也很高，“善鼓琴吹笛”，“庭筠”解释成庭院的竹笛声也说得通。宋代孙光宪《北梦琐言》卷四：“温庭云，字飞卿，或云作筠字。”可见，古人认为筠读若云。

筠也读jūn，用在地名中，唐代有两个“筠州”，一在今江西高安、上高、新昌一带，一即今四川南部的筠连县。从史料看，这两个地方均与温庭筠无关联，应该不是其名“筠”字的含义。

我们认为，温庭筠的“筠”读yún比较符合实际。

“叶公好龙”的“叶”如何读？

问：我今年八十有六，订阅《咬文嚼字》近20年，是贵刊的忠实读者。“叶公好龙”的“叶”我一直读shè，但前不久看到重孙女的教科书上的注音是yè。这个字究竟应该如何读？

——湖北恩施　朱嘉熙

答：过去读shè，现在应读yè。

“叶公好龙”是个成语，语出汉代刘向《新序·杂事》：据说叶公子高十分喜欢龙，器物上画着龙，房屋中雕刻着龙。真龙知道后，就到叶公家里来，把头探进窗内，把尾伸在堂上。叶公看见后，吓得魂不附体，拔腿而跑。后世以“叶公好龙”比喻嘴上说爱好某事某物，实际上并不真爱好，甚至很害怕。

叶，古邑名，在今河南省叶县南，春秋时属楚国。楚庄王后裔子高被封于叶，赐公爵，故称叶公。其子孙以邑为姓，姓叶。可见，“叶公”的“叶”，读如古邑名“叶”。作为地名的“叶”古代读shè。大约在宋代，此“叶”就读成yè了。宋代郑樵《通志·氏族》“以邑为氏”：“叶氏，旧音摄，后世与木叶同音。”但我国古代读书人有“好古”之风，作为地名姓氏用的“叶”，一直有人仍按古音读为shè。过去的辞书，也一直把此“叶”注音为shè，如《辞源》《汉语大词典》《汉语大字典》等。其实，作为地名及姓氏的“叶”，早就被绝大部分当事人自己读成yè了。有鉴于此，1985年《普通话异读词审音表》已经将此“叶”的读音审定为yè，废除了shè这个音。现在的工具书也大都把此“叶”的读音标为yè，而把shè标为“旧读”。

朱先生一直读的是旧读音，现在应该读yè。

“口角”的“角”如何读？

问：“口角”是个常用词，其中的“角”，有人念jiǎo，有人念jué。

究竟如何念？

——北京市王府井　周一鸣

答：角，本来读jiǎo，象形字，指有蹄类动物头顶或鼻前所生的凸起物，末端较尖，有防御、攻击等功能。《说文》："角，兽角也。象形。"由"兽角"直接引申出的意义，也读jiǎo，如触角、墙角、眼角、菱角、豆角、号角、角落、角楼、角球、角度等等。

除了jiǎo以外，角还可读jué，主要用于四义。

一指"较量""竞争"。《广韵·觉韵》："角，竞也。"角斗、角力、角逐等词中"角"都是此义。二指角色，即剧中人物，如主角、配角等。三指古代盛酒的器具，形状像爵。四指古代五音（宫商角徵羽）之一，相当于简谱的"3"。

其实有两个"口角"，读音不同，含义也不同。最常用的"口角"词义为"争吵"，其"角"显然是"较量"的意思，应读jué。除此以外，还有一个"口角"作"嘴边"讲，这个"角"要读jiǎo。

"武当山"的"当"读dàng还是dāng？

问：武当山的"当"有人读dàng有人读dāng，到底应该如何读？

——湖北　问清华

答：武当山，古称"太和山"，位于湖北西北部，道教圣地。有七十二峰、三十六岩、二十四涧等胜景。主峰天柱峰海拔1612.1米，峰顶建有金殿，俗称“金顶”。

“武当”之名最早见于《汉书》，汉高祖五年（前202），置武当县。县以山名。后来，“武当”又见于《后汉书》《水经注》《洞天福地岳渎名山记》《元和郡县图志》《太平御览》《太平寰宇记》等典籍，但没有提到得名缘由，“武当”二字的含义无从判断。

北宋徽宗宣和年间（1119—1125）在武当山天柱峰东北的展旗峰下建紫霄宫祭祀玄武大帝。南宋，玄武信仰深入民心，人们普遍认为玄武大帝在武当山修道成仙。元代道士刘道明撰《武当福地总真集》，说武当山原名太和山，玄武在此修道成仙后改名“武当”，意思是“非玄武不足以当之”。按照这种解释，“当”当“承受”讲，读作dāng比较合理。

“弹幕”的“弹”怎么读？

问：现在在网上看视频时可以发“弹幕”，请问这个“弹幕”怎么读？是“dàn幕”还是“tán幕”？

——四川　王君

答：弹，有两个读音。一是dàn，指可以用力发射出去的小丸，还指装有爆炸物可以攻击人、物的武器，如枪弹、炮弹。古代指以竹为弦的弓，如“左挟弹，右摄丸”。二是tán，由于一物的弹性作用使另一物射出去，亦指用手指拨弄，如：弹射、弹冠相庆，还可指检举违法失职的官吏等等。

要说视频网站的“弹幕”，先要了解“弹幕”的原义。弹幕，与“烟幕”“雨幕”一样，以“幕”作比喻，是说子弹、炮弹等密集得像幕布一样遮蔽视线，指密集的炮火射击。如《二战全景纪实》：“这时空军也开始轰炸和扫射，海军则实施徐进弹幕射击，这在太平洋上还是第一次。”“弹幕”的“弹”取“子弹”之义，应读为“dàn”。

现在常说的“弹幕”是指一些视频网站上可以出现在视频上的评论，一般从右往左划过视频。这些评论如同子弹一样“飞过”视频上方，过于密集时也会导致无法看清视频，故也称之为“弹幕”，用的是“弹幕”的比喻义，其读音应该与原义保持一致，读dàn。如读为“tán”，“弹幕”则应解释为“因弹性而发射出来的幕布”，显然不是要表达的意思。

为什么叫“蓝筹股”？

问：我是一“炒股”新手，常见有“蓝筹股”的说法，知道它的大概意思和“绩优股”差不多，但说不清为什么叫“蓝筹股”。特此请教。

——江苏南京　巩同

答：你的理解是对的。蓝筹股确实是绩优股。它是由经营良好、实力雄厚并在某一行业占支配地位的大公司发行的股票。行家认为，这类股票收益稳定，具有高投资价值。为什么叫“蓝筹股”呢？据说和国外的赌场有关。赌场习惯用筹码结算，不同面值的筹码有不同的颜色。其中蓝筹面值最高，红筹次之，白筹最低。于是“蓝筹”便被借用来指称优质股票。

“扎啤”的“扎”是什么意思？

问：到饭店就餐，点鲜榨饮料，总是以“扎”计量，说“一扎橙汁”“一扎苹果汁”。还有一种啤酒称“扎啤”。请问，“扎”是什么意思？

——江苏无锡　李戎生

答：我想，你一定已经注意到，这种鲜榨饮料是用一种广口玻璃瓶盛装的。这种广口瓶在英文中写作“jar”。“扎”便是“jar”的中文音译。“扎啤”是指用这种广口瓶盛装的鲜啤。

什么叫“动车组”?

问：铁路部门给快速旅客列车取名叫“动车组”，这个名字太令人费解，难道还有不动的列车吗？请问这个名称到底是什么意思？

——上海　赵武平

答：“动车组”这个名称有点硬，一般人不易见词明义。熟悉火车的人知道，组成一列火车的车辆，可以分为动车和拖车两大类别。带动力的车辆叫动车，不带动力的车辆叫拖车。我们通常看到的旅客列车，其动力装置都集中安装在牵引机车（动车）上，在牵引机车后面挂着许多没有动力装置的客车车厢（拖车）。我国铁路第六次大提速，与此有关的“动车组”，就是指把几节自带动力的车辆和几节不带动力的车辆编成一组的快速列车。常见的动车组有日本新干线、欧洲之星、中国的蓝箭等。

“官方网站”都是政府主办的吗?

问：现在有许多网站，标明“××官方网站”，它们都是政府部门主办的吗？比如“韩寒的官方网站”，难道是有关政府部门为他创办的网站吗？

——四川成都　仇志义

答:目前的所谓“官方网站”中,只有一小部分是政府部门主办的,比如上海的东方网、中国2010年上海世界博览会官方网站“世博网”等。大部分“官方网站”其实并没有政府的背景。“官方网站”译自英语official website。在英语中,official这个词有多个义项,除了“官方的”外,还有“行政当局批准(或承认)的”“法定的”“正式的”等义。比如the official strike,意思就是“经过批准的罢工”。在official website中,official意思是“正式的”,因此,“韩寒的官方网站”,意思就是“韩寒的正式网站”。

“官方网站”这一用法确实容易让人误解,它的流行恐怕和中国文化的官本位意识有关吧。

“杯葛”是什么意思?

问:在《参考消息》上读到一篇文章,标题是“WTO杯葛事件凸显台湾‘国际困境’”。请问“杯葛”这个词是什么意思?

——北京　杨博

答:“杯葛”是英文boycott的音译,意为“抵制”“联合抵制”。1880年,爱尔兰佃户不堪忍受英国田庄管理人杯葛(Charles Cunningham Boycott)的虐待,联合起来同他断绝关系,并抵制当局发起的各种活动。这一事件成为英国近代史上“杯葛”运动的起源。后来“杯葛”一词逐渐转为政治或经济方面的一种斗争形式,成为对某种做法或政策采取有组织的抵制行动的代名词。

郑少秋为何叫“秋官”？

问：最近诸多关于“肥肥”沈殿霞去世的报道，其中称其前夫郑少秋为“秋官”。“秋官”这个雅号是怎么来的呢？

——江苏　徐辉

答：郑少秋，原名郑创世，入行时改名“郑少秋”，“秋官”是他出道后得的“雅号”，意思是“秋少爷”。“官”字在粤语里有小宝贝的意思，保姆称主人家的小孩都叫“小官”，称家里的少爷叫“某官”。郑少秋年轻时扮演了很多风流倜傥的才子角色，大受影迷喜爱。谢霆锋的母亲狄波拉在做节目时曾说“秋仔，官仔骨骨”，“官仔骨骨”在广东话里，即年轻帅气、一表人才的意思。由此，大家都称呼郑少秋为“秋官”了。

都市“白奴”是什么意思？

问：报刊书籍上频频出现“白奴”一词，似乎和美国历史上的“白奴”毫不相关，时下这个“白奴”是什么意思？

——上海　周晓丁

答: 都市“白奴”，特指当今社会典型的提前消费一族，他们既是白领，又是现代经济社会的另类“奴隶”，简称“白奴”。“白奴”一族大多工作稳定、收入不菲，靠为雇主服务赚取报酬，但他们必须定时向固定的“债主”还一笔不小的贷款。“债主”可能是房子、汽车、奢侈品，也可能是未来的消费计划。据调查，“白奴”们的月供开支占其月薪50%～60%以上，他们平时不敢娱乐、聚会、旅游，害怕银行涨息，担心生病、失业，没有心情享受生活，在提前享受物质生活的同时，心理上因被金钱“奴役”而产生激烈的焦虑情绪。

“凤凰男”与“孔雀女”是什么意思?

问: 各大媒体纷纷展开有关“凤凰男”与“孔雀女”的讨论，网络点击量更是高得惊人。这两个热门词到底是什么意思，之间有什么内在联系?

——陕西西安　唐奕

答: 所谓“凤凰男”，即出生在农村，家境贫寒，发愤读书十余年终成大器，为一个家族脱贫蜕变带来希望的男性，是“山窝里飞出的金凤凰”。“孔雀女”，城市女孩的统称，特指在父母溺爱下长大的娇娇女，衣来伸手、饭来张口，成长环境优越，从未经历大风大浪。“凤凰男”进入城市后娶了“孔雀女”，过上了城市生活，但由于早先农村生活打下的烙印，使他们与孔雀女的爱情、婚姻及家庭，产生了种种问题。伴随着《双面胶》《新结婚时代》等一系列相关题材电视剧的热播，“凤凰男”与“孔雀女”现象已成为社会广泛关注的热点话题。

“血拼”是什么意思？

问：看到一些报道中经常出现“血拼”，比如“商家促销精心买家‘血拼’欢心”“不少白领都铆足了劲，就等着参与一年一度的疯狂血拼活动”。顾客们购买东西，为什么要把他们说成是“血拼”呢？

——浙江宁波　红仪

答：“血拼”是最近媒体上出现频率较高的一个新词语，属于音译外来词，来自英语shopping。shopping的英文含义就是“购物”。但“血拼”不是一般的购物，而是指疯狂购物、抢购、有发泄倾向的购物，具有购物数量多、时间长、购物无目的等特点。一些降价促销商场、品牌折扣店、机场免税区的购物场面，会让人感觉用“血拼”这个词来形容是再准确不过的了。这样的外来词既符合音译原则，又与汉语语素原来的义项吻合，让人联想到战场上的浴血拼杀，竞技、比赛中刀光剑影的比拼。

“物语”是什么意思?

问:报刊上常见到“物语”二字,我隐约知道它来自日本,但这个词到底是什么意思呢?

——上海　唐静如

答:“物语”一词确实源自日本,义为故事或杂谈,是日本古典文学体裁的一种。日本文学史上,物语主要指平安时代(794—1192)至室町时代(1336—1573)的传奇小说以及歌式小说、恋爱小说、历史小说、战记小说等。这些传说故事最初是以口头说唱形式在民间传播,后逐渐发展为文学作品。其中最著名的是享有“日本《红楼梦》”之称的《源氏物语》。

汉语出版物中使用“物语”一词,并不是出于需要,多数情况下是追求新奇,这不是一种健康的现象。

用“码”还是用“迈”?

问:自从杭州“飙车”事件后,有关“高速驾驶”酿成交通事故的报道特别引人注意。报纸在说到“飙车”速度时,用的量词有时是“码”有时是“迈”,如“某某以120码的速度……”“某某以150迈的速度……”。究竟用“码”还是用“迈”,抑或两者皆可?

——江西　安宗华

答: 应该用“迈”。“码”与“迈”都是从英文引进的量词。码，译自英文yard，英制长度单位。1码等于3英尺，1英里等于1760码。与法定计量单位的关系是: 1码等于0.9144米。迈，即英里，译自英语mile，1英里合1.6093公里。迈用于机动车行车的时速，每小时行驶多少英里就叫多少迈。在表示机动车速度时，只能用“迈”，不能用“码”。

“猫腻”与猫有关吗?

问: 在现代汉语中，人们经常称见不得人的事为“猫腻”，如“他们之间的猫腻，我早就看出来了”。这类事情为什么称“猫腻”?

——江西　张斌

答: “猫腻”是一个民间俗语词，曾有很多人讨论过它的词源。有人说本作“猫尿”，猫有掩埋尿液的习惯，借以表示见不得人的事情。也有人说本作“猫匿”，指猫隐匿粪便，借以指见不得人的事情。还有人说，“腻”本指肥厚、油腻，也可引申指污垢，“猫腻”指猫的大小便等污垢之物，猫有掩埋大小便的习惯，借以表示见不得人的事情……

其实“猫腻”一词与猫没有关系，不必扯到猫的大小便上去。经学者考证，“猫腻”出自北京回民居住的牛街地区，最早写作“吗儿逆”或“码儿妮”，来自波斯语，本指“隐情”“阴谋”。进入北方方言词汇系统后，逐渐“汉化”，写成了“猫尿”“猫匿”“猫腻”等，现在一般以“猫腻”为规范词形。《北平风俗类征》(1937)、《北京方言词典》(1985)、《北京土语辞典》(1990)等，都对这个词作了词源探讨，有兴趣的朋友可参阅。

“一根稻草”为何能压倒骆驼？

问：近来社会上对房产税的讨论不绝于耳，报刊上有这样的话：“对于房产税的开征，有人希冀它是压倒房价这只‘骆驼’的最后一根稻草。”稻草很小，很轻，一根稻草怎么能压倒骆驼呢？

——山西　振华

答：“最后一根稻草”的说法来自国外。英语中“the straw that breaks the camel’s back”，翻译成中文就是“那根压断了骆驼背的稻草”。它的意思是说，即使是负重能力很强的骆驼，如果一根一根地往它身上堆稻草，最后也总有一根能将它压垮。当事情的发展已经到达极限，哪怕只增加像一根稻草那么一丁点儿的负担，也会造成彻底的崩溃。因此，人们常用“最后一根稻草”(the last straw)来比喻“超过极限、造成崩溃的最后一点因素”。

如今人们关注房产税，是因为高房价已经成了普通人不能承受之重。为控制房价，政府部门采用了多种手段，但效果不佳。征房产税是可能采用的新政策，人们希望它能够成功遏制房价的上涨，因此称它是“压倒房价这只‘骆驼’的最后一根稻草”。

为何称“金砖四国”？

问：在媒体上经常碰到“金砖四国”这一说法，比如《人民日报》的一则新闻标题“金砖四国有望拉动全球经济70%增长”。请问这一称谓的由来是什么？

——上海　王一民

答：“金砖四国”实际上是一个超常缩略语，指巴西(Brazil)、俄国(Russia)、印度(India)和中国(China)等四个国家。因这四个国家的英文名字首字母组合而成的“BRICs”一词，其发音与英文的“砖块”(bricks)非常相似，故名。另外，被称为“金砖”，还因为这四个国家是发展中国家与转型经济体的领头羊，是当今世界发展最快的新兴经济体。“金砖四国”的说法，是美国高盛集团全球经济研究部主管吉姆·奥尼尔在2001年首次提出的。

“闺蜜”与“闺密”的区别是什么?

问：请问，“闺密”可以写成“闺蜜”吗?

——北京市海淀区　王一明

答：可以。

“闺密”与“闺蜜”这两个说法都有，但意思略有区别。

“闺”，指闺房，旧称女子居住的内室；“密”，私密的、关系近的。“闺密”即闺中密友，指的是女性要好的、无话不谈的同性朋友，强调的是相互之间亲密无间，关系深。闺密之间的话题，往往是只有同性之间才明白和理解的闺中情怀。

再来看“闺蜜”。“蜜”，有一个意思是“像蜂蜜的东西”，因而可以用来形容女性朋友之间相处的一种感觉。“闺密”强调的是关系亲密；“闺蜜”是从“闺密”演变来的，强调的是相处甜蜜。两者都可用，各有侧重点。

“看守内阁”指的是什么？

问：经常在电视新闻报道中听到“看守内阁”这个名词。请问它指的是什么？

——甘肃民勤　邸士智

答：“看守”，就是负责守卫、照料。“看守内阁”又称“看守政府”“过渡政府”或者“过渡内阁”，指以内阁制为基本政体的国家，在议会通过对内阁（即政府）的不信任案后，于新内阁产生之前的一段时间里，临时维持日常工作的过渡性内阁。主要任务是负责继续处理日常政务。在解散议会的情况下，还负责筹备大选。新内阁组成后，看守内阁即告结束。

在一些多党制的西方国家，政府联盟内各党利益交会，关系复杂，议会经常就某党对政府的不信任动议进行表决。譬如以色列，党派林立，内阁的构成十分复杂，政府的政策在触及有关方面的利益时，这些党派就会向议会提出不信任案，即“倒阁”。根据相关法律，只要不信任票数超过半数，政府就自动下台。这样，倒台后的政府即被总统指定为“看守内阁”。

何谓“过气”？

问：编辑叔叔，我在读报时，碰到“过气”这个说法。请问这是什么意思?

——江苏南京　张钱越

答：现今媒体上流行的“过气”是一个不算很新的新词语，多用来描述不再受追捧的影视明星和歌坛的歌手，意思是“人气”不足。“人气”是一个衡量标准，即人或事物受欢迎的程度，如“有人气”“人气爆棚”等；也可指人或事物十分受欢迎，如“人气美食”“人气网游”“人气韩剧”等。和“人气”相反，“过气”就是指一个人或事物曾经很红，然而现在已经风光不再、人气降低了，有点类似“过期、过时”的意思。

“过气”对一般演艺人员来说，形同演艺事业被判了死刑；但也不尽然，像韩国的一些过气明星比如安在旭、李英爱、宋慧乔等，在中国大陆依然受到热捧。

什么是“3D打印”？

问：3D打印是一项崭新的技术。请问“3D打印”中的“3D”是什么意思？

——湖北荆州　王义亮

答：3D是英文Three Dimensions的简称，中文是指三维、三个维度、三个坐标的意思，即有长、宽、高。3D打印（3D printing），是快速成型技术的一种，是一种以数字模型文件为基础，运用粉末状金属或塑料等可黏合材料，通过逐层打印的方式来构造物体的技术。3D打印通常是采用数字技术材料打印机来实现的。3D打印机与传统打印机最大的区别，在于它使用的“墨水”是实实在在的原材料。

iPhone的“i”是什么意思？

问：我长期使用iPhone手机，知道phone的意思是电话，此处指手机，但“i”是什么意思呢？

——湖北武汉　田恩舜

答: iPhone中“i”的意思, 目前有多种说法。有人说, “i”就是“i”(我), iPhone就是“我的手机”; 也有人说, “i”就是“intelligence”(智能)的首字母, iPhone就是“智能手机”; 还有说, “i”就是“innovation”(创新)的首字母, iPhone就是“创新的手机”。不过, 这都是网友们的猜测。

IT (信息技术) 行业大都认为, iPhone中“i”是internet (互联网) 的首字母。iPhone的意思是适应互联网时代要求的手机。乔布斯于1985年被自己所创办的公司炒了鱿鱼, 1997年又重新回归苹果, 让濒临破产的苹果公司起死回生。在乔布斯的带领下, 苹果公司研发了一系列“i”家族的电子产品, 诸如iMac、iPod、iPad、iBook、iPhone等, 其中的“i”都代表互联网。乔布斯认为, 未来是互联网时代, 任何电子产品如果脱离互联网都难以生存, 所以他把苹果公司核心产品的技术与互联网连接在一起。这说明了乔布斯的远见卓识。

还可以提到的是, 1997年乔布斯刚回归苹果公司时, 他的职位是ICEO, CEO (首席执行官) 前面也有一个“I”。不过, 这个“I”不是internet而是interim (临时) 的首字母。乔布斯刚回苹果公司时, 对于能否把公司领导好并没有把握。于是决定先做一个临时CEO, 只拿1美元年薪, 如果公司不见起色, 立马辞职。

上海为什么称“魔都”?

问: 经常在新闻或文章中见到有人用“魔都”指称上海, 上海为

什么称“魔都”？

——新疆乌鲁木齐市胜利路　叶惠贤

答：魔都是上世纪二三十年代上海的别称之一。

1843年11月17日，上海正式开埠（开辟为商埠，设立外贸口岸），中外贸易中心逐渐从广州转移到上海，外国商品及外资纷纷涌进，上海逐渐发展成远东第一大都市，引起世界广泛关注。上海被西方人称为“Paris of the Orient”（东方巴黎）。

1923年，日本作家村松梢风（1889—1961）来到上海。他曾说，他此行的目的“是想看一下不同的世界”，“企求一种富于变化和刺激的生活”，而“要实现这一目的，上海是最理想的地方了”。上海给村松梢风留下了深刻印象，他曾这样描述过来到上海的心情：“不知何故，此时无限的亲切、喜悦、感激等诸般情感一下子都涌上了心头，最后变成了一种舒畅的伤感，禁不住热泪盈眶，怆然而涕下。”1924年，村松梢风出版了体验小说《魔都》，如实地描写了自己的“上海印象”。《魔都》迅速引起了关注，上海也因此被称为“魔都”。

解雇为何叫“炒鱿鱼”？

问：有个问题想请教，人们常说“炒鱿鱼”，这个词怎么来的？

——重庆沙坪坝　张小英

答："炒鱿鱼"比喻解雇或解聘，如谁被老板开除，就是被老板"炒鱿鱼"了。讨论这个词之前，我们先介绍一下另外一个类似的词"卷铺盖"。

过去给老板打工，被子、手巾等等用品是要自备的。如果打工结束或被老板解雇，打工者就收拾行李走人，其中最重要的就是把被子卷起来。因此，汉语中常用"卷铺盖"比喻被解雇或辞职。钱锺书《围城》一："阿刘亚声告诉，姓孙的那几个人打牌，声音太闹，给法国管事查到了，大吵其架，自己的饭碗也砸破了，等会就得卷铺盖下船。"曹禺《北京人》第一幕："你们收拾不收拾？不收拾我就卷铺盖滚蛋。"

鱿鱼大家都熟悉，绝大部分朋友都吃过，是枪乌贼的俗称，一种软体动物，体稍长，两鳍在后端相合，呈菱状。鱿鱼肉质收缩性很强，一炒就卷起来，就像卷铺盖一样。所以，汉语中也用"炒鱿鱼"比喻解雇走人。

“差点儿没搞砸”：“砸了”还是“没砸”？

问：我是一名刚入行的编辑，手头一部稿子中有“差点儿没搞砸”的说法，它表达的意思其实是“没搞砸”，我觉得“没”应该删除。到底要不要删？

——北京市丰台区　田苗

答：不必删。“差点儿没搞砸”跟“差点儿搞砸了”意思大同小异，都表达“没搞砸”的意思，有庆幸之义。

“差点儿”的这个用法最早由朱德熙先生发现。他说，“差一点”的使用有两种情况：A.肯定式“差一点打破了”和否定式“差一点没打破”意思是一样的，都是否定的，即没有打破；B.肯定式“差一点及格了”和否定式“差一点没及格”意思则不同，肯定式表示否定的意思，意思是没及格，否定式表示肯定的意思，意思是及格了。区别在于，A类表达的都是人们不希望实现的事情，而B类说的都是人们希望实现的事情。

吕叔湘先生对这个问题也进行了深入思考。他在《现代汉语八百词》中把“差点儿”的用法分成了三类。a.表示不希望实现的事情几乎实现而没有实现，有庆幸的意思，用肯定式和否定式意思相同。如“差点儿闹笑话”与“差点儿没闹笑话”都表示“没闹笑话”，“差点儿答错”与“差点儿没答错”都表示“没答错”，“差点儿摔倒”和“差点儿没摔倒”都表示“没摔倒”。b.表示希望实现的事情几乎不能实现而终于实现，有庆幸的意思，用否定式。如“差点儿没见着”表示“见着了”，“差点儿答不上来”表示“答上来了”，“差点儿没买到”表示“买到了”。c.表示希望实现的事情几乎实现而终于没有实现，有惋惜的意思，用肯定式。如“差点儿就见着了”表示“没见着”，“差点儿考上甲班”表示“没考上甲班”，“差点儿就买到了”表示“没买到”。

后来吕先生又在一篇文章中谈到这个问题，他说：“有些词语的否定形式跟肯定形式是一个意思”，如“好容易=好不容易”“好不热闹=好热闹”“就差没=就差”“难免不=难免”“小心=小心别”“没……以前=……以前”等等。吕先生认为这种现象是“否定作用的模糊化”引起的。

这个问题已经成为语法学家讨论的热点话题，许多学者都发表过意见，大都支持用吕叔湘先生“否定作用的模糊化”理论来解释。也有人提出“悖义结构”理论来解释这个问题。

江蓝生后来梳理了大量古今汉语语言材料，用现代语言学有关理论，提出了新的解释。我们认为她的解释超越了前贤，极富启发性，试介绍如下：

在梳理语料的基础上，江蓝生发现了汉语中的“同义概念叠加与构式整合”规律。她说，汉语中的许多结构，都是由“意义相同的两个概念叠加后，通过删减其中的某些成分（主要是相同成分），整合为一个新的结构式”的。比如“现如今”是“现今”与“如今”叠加而成，“果不然”是“果然”与“不出所料”叠加而成，“难不成”是“难道”与“不成”叠加而成，等等。

江先生认为，在表示“人们不希望实现的事情”时，“差点儿没……”格式，是由“差点儿……”与“没……”两个同义结构叠加而成。根据现代语言学理论，“差点儿……”与“没……”在语义关系上是一种纯逻辑推导关系，即“差点儿……”推导出“没……”，“没……”是“差点儿……”的推导义。“差点儿……”是句子要凸显的意思，是表达焦点；而“没……”是“差点儿……”的隐含意义，不是表意重点，不在句子中表达出来。所以按照常式表达，就说成“差点儿……”。当说话人为了达到某种交际意图（加强语义强度、凸显主观情态等），在说出“差点儿……”的同时有意识地将其隐含语义“没……”也说了出来，这样就把“差点儿……”与“没……”叠加整合出“差点儿没……”的结构来了。在这种叠加整合而成的“差点儿没……”结构中，“差点儿”与“没”是同义组合关系，而不是修饰与被修饰关系，也就是说“差点儿”不是用来修饰“没……”的，所以，“差点儿没……”等于“差点儿……”。比如“差点儿没打破”与“没打破”，“差点儿闹笑话”与“差点儿没闹笑话”，“差点儿答错”与“差点儿没答错”，“差点儿摔倒”和“差点儿没摔倒”，都表示同样的意思。

江先生说，在表示“人们希望实现的事情”时，“差点儿没……”格式，并不是由“差点儿……”与“没……”叠加而成，而是“汉语两层副词做修饰语的常规结构”，“差点儿”对“没……”起修饰作用，“差点儿……”表示希望的事情没实现，“差点儿没……”表示希望的事情实现了。比如“考上大学”是人们希望的事情，“差点儿考上大学”表示没考上大学，“差点没考上大学”表示考上了大学。

那么，为什么用在“人们希望实现”的事情时，“差点儿”与“差点儿没”可以分别表达否定和肯定的意思，而用在“人们不希望实现”的事情上时，“差点儿”与“差点儿没”都表达肯定的意思？

江蓝生用认知语言学的原理做出了回答。该理论认为，信息可能多种多样，但只有有交际价值、能刺激交际欲望的信息，才能进入表达层面，被人们用话说出来。希望的事情，不管达到目标与否，都有表达的价值。比如考大学，“差点儿考上”，意思是终究没有考上，表达出很遗憾、惋惜之义，也说明离成功很近了，努力也没有白费，还存有希望。“差点儿没考上”，终究考上了，表达出庆幸、后怕之义，也给自己敲了警钟，表示以后要更加努力。而不希望实现的事情，只有事情没发生才有交际的价值。比如摔跟头，“差点儿摔跟头”，意思是终究没摔，表达出庆幸之义。如果某人已经摔了跟头，人们一般不会或者忌讳用“差点儿”去修饰“没摔”的方式表达这个意思，这毫无价值，并且“差点儿”暗含“庆幸”的意思，这种说法还会产生幸灾乐祸之嫌。这样一来，人们就选择了“同义概念叠加”的方式来理解“差点儿没……”这一结构，让它与“差点儿……”同义，都表达不愿意发生的事情没有发生。

运用江蓝生的观点，吕叔湘先生提出的“好容易＝好不容易”“好不热闹＝好热闹”“就差没＝就差”“难免不＝难免”“小心＝小心别”“没……以前＝……以前”等等问题，都能得到合理解释。

列举后如何用“等”？

问：在列举各项内容时，常会用上一个“等”字，表示没有说完。可我看到有些文章，明明已经全部列出，还要加上一个“等”字。这种用法对吗？

——山东淄博　曹仁荣

答：“等”作为助词，在用于列举时，有两种用途：一是表示列举未尽，如“我今年去过北京、济南、杭州等地”，“我一口气买来了毛巾、茶杯、牙刷等用品”；二是用于列举煞尾，常和列举各项的总计数字搭配，如“我国有北京、天津、上海、重庆等四大直辖市”，“京剧舞台上曾出现过梅兰芳、程砚秋、荀慧生、尚小云等四大名旦”。这两种用法都是正确的。

需要提醒的一点是，表示列举未尽时，“等”可以叠用为“等等”，如“我看过《红楼梦》《西厢记》《聊斋志异》等等古典名著”；用于列举煞尾，只能用“等”。

“等等”和“等”的区别是什么？

问：在阅读中常常碰到“等”和“等等”，请问这两个词有什么区别？

——云南昆明　王馨梅

答：助词“等等”和“等”都可以表示列举未尽，常可以互相替换。在具体语境中，两者时有区别。

首先，两者在语义表达上有区别。“等”字用在并列成分后一般有两个作用：一是表示列举未尽，如“北京、天津等地”；二是列举后煞尾，后面常有前列各项的合计数，如“梅、尚、程、荀等四大名旦”。而“等等”用在并列成分后只能表示列举未尽。如周立波《暴风骤雨》：“萧队长瞅着名单，又把李毛驴、老孙头、老初、小猪倌等等的名字都抹了。”

其次，在搭配对象上两者也有一些不同。第一，“等”可用于单个词语后，如“我等”“臣妾等”，又如茅盾《蚀》：“我对于《幻灭》等三书有过自我批评，见于一九五一年出版的《茅盾选集》的自序。”而“等等”一般不可以出现在单个词语后，不可以说“我等等”“臣妾等等”，上文的“《幻灭》等三书”也不可以替换为“《幻灭》等等三书”。第二，“等”后可出现其他词语，如“张三、李四等人”；而“等等”后一般不出现其他词语，不说“张三、李四等等人”。第三，“等等”可用于“如此、如是”之类的词语之后，如鲁迅《阿Q正传》：“阿Q以如是等等妙法克服怨敌之后，便愉快的跑到酒店里喝几碗酒，又和别人调笑一通，口角一通，又得了胜，愉快的回到土谷祠，放倒头睡着了。”而“等”则不可以，上句的“如是等等”不可变为“如是等”。

最后，用在列举项后时，“等”字前不可以停顿，而“等等”前可以停顿。如茅盾《蚀》：“一是社会的动乱，包括绑票，抢劫，奸杀，罢工，离婚，等等；一是社会的娱乐，包括电影，戏剧，跳舞场等等。”这里前一个“等等”前以逗号表示停顿，而后一“等等”前则没有停顿。前一个“等等”不可替换为“等”。

“其他”“其它”是否要分？

问：有人说“其他”指人，“其它”指物，也有人说没有分的必要，我有点无所适从。究竟分还是不分？

——河南郑州　陈仲实

答：我想先说一下来龙去脉。

“其他”本写作“其佗”。因古文字中“它”往往讹变为“也”，结果，“其佗”成了“其他”。而“它”的本义是蛇，后借用为第三人称代词，“蛇”字另加了“虫”旁，于是，“其他”也可写成“其它”。在古代典籍中，“其他”“其它”都可用，两者不仅同音同义，而且用法也一样，既可指人，也可指物。直到“五四”前后，受西方语言的影响，才逐渐出现分工的趋势，“其他”指人，“其它”指物。

然而，事实证明，这种分工并没有多少积极意义，相反增加了学习负担，所以王力先生说“实在没有必要”，他认为“无论指人或指事物，一律可以写作‘其他’”。《现代汉语词典》在解释“其它”时，释文便是“同‘其他’”，表现出明显的倾向性。不久前出版的《现代汉语异形词规范词典》，更明确提出“其他”“其它”是一组异形词，“其他”包孕“其它”，因此应以“其他”为规范词形。

“等等”前面的标点怎么用?

问:“等等”是个助词,可以表示列举未尽,但它前面的标点,却常常让人犹豫不决。到底该怎么掌握呢?

——河北滦南　陈向阳

答:“等等”通常都是用在并列成分后面。大致有三种情况:

一、并列成分之间用顿号,“等等”的前面一般不用标点。如:“别说房子,就连电视机、电冰箱、空调器等等,也是他妈妈买的。”

二、 并列成分之间用逗号,“等等”的前面也用逗号。如:“在登山之前,要准备什么服装,购买什么器具,携带什么药品,等等,教练都一一作了交代。”

三、并列成分之间用了分号,“等等”的前面也以用分号为规范。如:“要注意软装潢。窗帘要有层次,要注意和墙体的协调;墙纸要突出个性,要打好整个居室的底色;吊灯一定要别出心裁,独一无二;等等。”

李湘的“辣手”用错了吗?

问:李湘担任四川师范大学客座教授。她在2006年12月7日第一次登上讲台时,用到了“辣手”一词。但她马上改口说:“哦!对不起,对不起,应该是‘棘手’不是‘辣手’。我太紧张了,说错了。”不少媒体对此作了报道，称李湘“在演讲中频频口误”。我印象中，“辣手”有“棘手”的意思。李湘真的说错了吗？

——上海市延平路 罗晓夏

答：李湘其实没有说错。她的改口除了紧张外，恐怕还和对“辣手”没有真正掌握有关。

棘，可泛指有刺的草木。成语有“披荆斩棘”“荆天棘地”等等。“棘手”，像荆棘一样刺手，非常形象地说明了处理的难度。

辣手的义项则要丰富得多，可以指办事严厉的人，还可指手段毒辣，也可指高手、老手，除此之外，也有“棘手”的意思，即事情难办。“这件事很辣手”，同“这件事很棘手”，在意思上是一样的。

“1980年代”能说吗？

问：我发现贵刊2007年第3期33页的《语丝》中，有一句话叫“1980年代以后，钱锺书先生国际声誉大振”。其中的“1980年代”这一说法妥当吗？

——江苏淮安 胡义华

答：本刊早在1999年第12期便曾刊登过金易先生的《推广“1950年代”表时法》一文。2002年第12期《百家会诊》栏目对这一表达法还进行过讨论。我们认为，“1980年代”这种表时方法有三大优点：简短、明确、便于称说。但考虑到接受这种方法，还要有个过程，为此，本刊目前采取“两法并存”的做法，既可写成“20世纪80年代”，也可以写成“1980年代”，尊重作者的选择。

“亿万”是指“一亿个万”吗？

问：我经常在报纸上看到“亿万中国人民”的说法，感到中国人口被夸大了。从前常说“四万万中国同胞”，那时中国大约是四亿人，“四万万”正好是“四亿”。前些天中国刚诞生了第十三亿个公民，“十三亿”和“亿万”——“一亿个万”相差可远着呢。“亿万中国人民”是不是说错了？

——甘肃某公司秘书

答：你的怀疑是有道理的。如“万元户”指的就是拥有的财产达到或超过“一万元”的家庭，“百万富翁”指的就是财产超过了“一百万元”的人，“十亿资产”就是说资产折合成人民币达到了“十个亿”。这些数字都是“实指”的，表示具体数量。这种用法古代就有，如“百夫长”“万户侯”等。

但是，汉语中还有一些数字是“虚指”的，并不是表示具体数量的。比如“百事通”中的“百”就是泛指多，而不是具体指“一百件事”，这个词还可以说成“万事通”，无论是“百”还是“万”都是虚指的。汉语中用“万”来泛指多的用法比较多，如“万年历”“万用表”等。而将数字组合起来表示数量多的用法更是寻常，如“千奇百怪”“千姿百态”“千山万水”“千军万马”等。

“亿万”也是“虚指”，泛指极大的数目。因此“亿万中国人民”并不是说有“一亿个万”的中国人，而只是泛指数量众多的“中国人民”。

“亿万”可以约略地等同于“成亿的、上万的”，它泛指的数量应达到“亿”。称呼拥有十几亿元财产的人为“亿万富翁”是可以的，但如果财产没有上亿，就最多只能称“千万富翁”。同样，说“亿万中国人民”没错，因为中国人口已经有十几亿。而澳大利亚的人口只有几千万，如果说“亿万澳洲人民”就不对了。

乐陶陶？乐淘淘？

问：一篇文章中有“乐táotáo”一词，编辑部里有人主张用“陶陶”，有人主张用“淘淘”，争执不下。请问应以何者为准？

——上海一期刊编辑

答：这是一组异形词。其实同样的意思，除这两种词形外，还可找到第三种词形：醄醄。“醄醄”本为酒醉的神态，引申指一种怡然自得的欢乐。在元明作品中，这三种词形都可找到用例。

如元·张可久《湘妃怨·德清观梅》曲“……花前相见好，倚春风其乐陶陶”，用的是“陶陶”；元·马致远《乔牌儿》曲“兀兀淘淘，窗外三竿，红日未高”，用的是“淘淘”；而元·沈和《赏花时·潇湘八景》

“旋篘（chōu）新酒钓鲜鱼，终日醄醄乐有余”，则用的是“醄醄”。

现代汉语中，主要用前两种词形。“陶陶”和“淘淘”相比，我们主张以“陶陶”为首选。“陶”本义指用黏土制造器物，后也借用表示快乐；而“淘”则指用水洗去杂质。“陶陶”比“淘淘”显然更具有理据性。

“不知所踪”对吗？

问：媒体上不时看到“不知所踪”的身影，但查遍手头辞书，其中收录的只有“不知所终”，且没有一部辞书标出“终”与“踪”是能够通用的。看来正确的应该是“不知所终”了。可为什么会有那么多“不知所踪”的误用呢？

——浙江杭州　赵梅笑

答：你的意见很对，“不知所终”是正确的，而“不知所踪”属误用。

汉语的“所字结构”要求“所”后跟动词，如“所思、所想、所见、所闻”。“终”有“终了、结束”的意思，“不知所终”是说不知道最后的下落或结局。类似的四字结构有“不知所措”“不知所云”等。“措”，安排、处置，是动词；“云”，说，也是动词。但“踪”指“踪迹、足迹”，是名词，不能用在“不知所~”的结构中。“不知所踪”是说不通的。

“堂吉诃德”还是“堂·吉诃德”？

问：西班牙作家塞万提斯笔下的人物叫“堂吉诃德”还是“堂·吉诃德”？或者是两种写法都可以？

——安徽池州　黄东江

答：“堂吉诃德”是正确的写法，它对应的原文是Don Quixote。其中的Don在西班牙文中并不是人名的组成部分，而是对男子的尊称，冠于人名之前，意为“先生”；Quixote是人名，即小说的主人公。其实，Don Quixote的译法应该是“吉诃德先生”，不过现在的译法已约定俗成。“堂吉诃德”的“堂”和“吉诃德”之间不能用间隔号，否则容易让人误解“堂”字是姓名的一部分。同样，西班牙的传奇人物唐璜（Don Juan）名字中间也不能加间隔号。

“以及”的前面可以加逗号吗？

问：写作中经常会用到“以及”。请问“以及”的前面，可以加逗号吗？

——河南郑州　小艺

答：“以及”的前面可以停顿，因而书面上可以加逗号。“以及”连接并列的词或词组，所连接的成分，在意义上往往有主次之分，位于“以及”后面的往往是比较次要的。是否停顿，取决于语流的长短。在表述的时候，如果“以及”后面的词语比较长，就可以在“以及”的前面加逗号。比如“本中心经销轿车、卡车、大客车，以及各种汽车零配件”，又如“他们怎样筹集资金，怎样开展业务，以及后来怎样成为全国有名的企业，我都很了解”。如果“以及”后面连接的名词、动词、形容词或短语比较短，则“以及”前面不停顿。比如“盒子里有牙刷、牙膏、香皂以及梳子”。

值得注意的是，连词“及”的前面不能停顿，这是“以及”和“及”用法上的一个不同点。

“出乎……意料之外”算不算病句？

问：近日阅读某语文杂志，发现其中有这么一个句子：“县长这一举动，实在出乎乡长和村长的意料之外，乡长慌了，村长急了……”请问“出乎……意料之外”算不算一个语病？

——湖南武冈　黄启龙

答：“出乎……意料之外”一类的说法，虽不合逻辑，但还是可以成立的，不宜判为病句。

这是一个老问题，语言学家吕叔湘、朱德熙先生在其合著的《语法修辞讲话》“表达”一讲中曾专门讨论过。他们说：语法不是逻辑。“有些话虽然用严格的逻辑眼光来分析有点说不过去，但是大家都这样说，都懂得它的意思，听的人和说的人中间毫无隔阂，毫无误会。站在语法的立场，就不能不承认它是正确的。……又如‘在我没来北京以前，我以为一定会很冷’，既然‘没来’，就谈不到‘以前’‘以后’。应该说‘在我来北京以前’才对，可是多数人愿意加上个‘没’字。”他们认为：一般地说，语法要服从逻辑，但有些说法是“习惯语”，“习惯语是不容许分析的，并且是不容许援例的”。“出乎……意料之外”就属于这一类的“习惯语”。

“和”能表示选择关系吗？

问：我是一名中学语文老师。请问“无论花朵和叶子，都比盆栽的杜鹃显得有精神”这句话中的“和”字，是否要换成“还是”“或者”一类的表示选择关系的连词？

——江苏兴化　陈晓祥

答：不必换，因为连词“和”除了表示并列关系之外，在一定的语境中也可以表示选择关系。

表示选择关系时，“和”出现在无条件的条件复句中，这种复句的正句所表示的结果，并不以偏句的条件变化为根据；或出现在单句开头，强调句首修饰语。张斌主编的《现代汉语虚词词典》（商务印书馆2001年版）收录了这一用法，词典中还举了三个例子：“无论刮风、下雨和下雪，他都是第一个到校。”“不论在数量和质量上都有增加和提高。”“不管同意和不同意，你总得先表个态。”

“几乎”可以和“都”搭配吗？

问：我是刚进报社不久的校对人员。前不久在一篇文稿中见到“几乎”与“都”搭配使用，校对室有人认为不对，既然是“几乎”，就不可能是“都”。这种说法对吗？

——江西　张隽

答：看得出来，你对这种说法是抱怀疑态度的。但抱有这种看法的人确实不少，在他们看来，“都”表示的是全部、所有，而“几乎”则不是全部、所有，两者搭配是矛盾的。其实这是一个误解。

不错，“都”是一个副词，有总括的意思，凡是称得上“都”的，应该是一个不漏。而“几乎”也是一个副词，表示十分接近，只差那么一点，几乎是但毕竟不是。正因为此，有时搭配起来，表述才更为精确。

比如，一个班级里有30个学生，28个做了世博志愿者。如果说“全班都成了志愿者”，这不符合事实；但不这样说，又不能表现班级里的志愿者之多。如何表述呢？加上“几乎”二字——“几乎全班都成了志愿者”，用“几乎”来既渲染“都”又否定“都”，不就无懈可击了吗？

“无论罗振玉与王国维……”中的“与”字对吗?

问:我是一家出版社的编辑,正在编辑的一部书稿中有一句话说“无论罗振玉与王国维,都为甲骨学的建立,做出了重大贡献”,我觉得句中的“与”应该改成“或者”或“还是”才对。不知我的感觉对不对?

——湖北武汉　田恩舜

答:这个问题比较复杂,还得慢慢说起。

“无论”(也包括“不论”“不管”)是连词,和“都”(有时也和“也”“总”等)连用,构成无条件让步句(语法学家把它概括为“无论p,都q”句式),表示在任何条件下,都会有同样的结果。邢福义《汉语复句研究》中把无条件让步关系称为“总让”,他说:“总让是对各种条件的总体性让步。‘无论p’提出各种可供选择的条件,统统认可,‘一揽子’包下,又统统排除,‘一揽子’甩开,这样,就特别强调了结果q的出现不受p的任何影响。”邢先生认为:“前句(无论p)在格式上要求具有任指性和选择性。任指性,用任指词‘谁、什么、怎么’之类表示出来;选择性,用选择词‘或者、还是’之类表示出来。”根据邢福义的论述,无条件让步句有两种类型:第一类,前一分句用“无论”(或“不论”“不管”)+“谁”(或“什么”“怎么”等词)结构,表示任指,如“无论是谁搞错的,我们都得向院里写个检查”“你无论说什么,我都不会生你的气”“他们无论自己怎样挨饿,也要把口粮省下来”。第二类,前一分句用“或者、还是”

等词连接条件项，表示选择，如“无论教语文，或者教历史，他都行”“无论选小张还是小李，他都同意”。

上述田恩舜先生所要讨论的句子“无论罗振玉与王国维，都为甲骨学的建立，做出了重大贡献”，显然是第二类。根据邢先生的观点，在这种类型的句式中，“无论”后面的条件项之间是选择关系，应该用表示选择关系的“或者”或“还是”等来连接。因此，田先生的语感是对的，应将这句话中的“与”改成“或者”或“还是”。

不过，这是现代汉语的语用情况。“无论”来源于古汉语，在古汉语中，其相关用法是不是也是如此呢？

根据语料看，表示无条件让步关系的连词“无论”（包括“不论”“不管”），是隋唐时才出现的。考察隋唐及其以后的古汉语用例，表示无条件让步关系的连词“无论”（包括“不论”“不管”）后面如果出现的是条件项的话，大都用“与”字连接，如：隋代尹式《别宋常侍》诗：“无论去与住，俱是一飘蓬。”唐代杜荀鹤《途中有作》：“无论南北与西东，名利牵人处处同。”宋代《五灯会元》：“无论垢与净，一切勿念起。”等等。那么，是不是可以因此断定，古汉语中“无论”后面的条件项之间是并列关系，所以选用“与”来连接？答案是否定的。吕叔湘先生早已解释过这个问题，他在《中国文法要略》中说：“表‘无论’的小句也往往用‘与’，其实意思是‘或’，例如：‘（无论）来与不来，也得给人家个信儿啊。’”在古汉语中，“与”作连词用时，也可表示选择关系。语例很多，有兴趣的朋友可查阅相关资料。

那么，问题又来了，田恩舜先生所讨论的句子中的“与”是不是可依古代汉语例不必改成“或者”或“还是”呢？答案还是否定的。现代汉语是现代汉语，古汉语是古汉语，各自遵循不同的语用规则。在现代汉语中，“与”作连词用时，主要用来连接词或词组，表示并列关系。张斌《现代汉语虚词词典》中说：表示选择关系的“与”，现代汉语中仅用来“连接动词（或形容词）及其否定形式”，书中所举的相关语例是“无论放与不放，我们都得去说”“你总得去试试，不管行与不行”。田恩舜先生所讨论的句子中“罗振玉”和“王国维”都是名词，显然不是张斌先生书中所说的情况，其中的“与”不能表示选择，只能表示并列关系。

可见，“无论罗振玉与王国维，都为甲骨学的建立，做出了重大贡献”一句中的“与”，确实用得不对，应该改成“或者”或“还是”。

必须指出的是，过去有人认为“和”可表示选择关系，“无论”后面的条件项之间可以用“和”。但这并不是一种大家都认可的典型用法，以致许多语法书及辞书已不介绍“和”的这种用法了。我们不建议如此使用。

“50余亿元”还是“50亿余元”？

问：请问“余”跟数字应该怎样使用，比方说是“15万余人”，还是“15余万人”？还有像生产总值是说“50余亿元”，还是用“50亿余元”？这些用法具体有什么区别？

——上海　陈美玲

答：如果一个数字，个位数上不是零，后面就不能加“余”，比如“3”“14”“126”“2478”等。如果个位数上是零，则可以，比如“10余人”“100余斤”“1130余册”等。

“十”“百”“千”等后可以直接加“余”，如“十余”“五十余”，“百余”“三百余”，“千余”“六千余”等。

“万”“亿”与“余”搭配使用，要看“万”“亿”前数字的情况而定。如果个位数上不是零，“余”就加在“万”“亿”后，如“15万余”“27亿余”等。如果个位数上是零，则“余”既可以用在“万”“亿”的后面，也可以用在前面。“余”的位置不同，表达的意思有区别。比如“50亿余元”，一般指的是超过“50亿元”不到“51亿元”；而“50余亿元”，一般指的是超过“51亿元”不到“60亿元”。

@：你从何而来？

问：随着电子邮件的普及，地球人都知道@这个符号，它用在电子邮件地址的用户名与网站域名之间。@在电子邮件地址中代表什么意思？如何读？

——北京　张春林

答：@是英文符号，代表介词at，相当于中文中的“在”。它的来源有多种说法。一位意大利学者称，@最早出现在商品价目中，表示葡萄酒的计价单位。在中世纪的欧洲，由于印刷机尚未发明，出版图书需要手工刻写。at的使用频率很高，为图简便，僧侣们便用作为葡萄酒计价单位的@代替at。@可一笔刻成，确实比刻at简便。这样一来，@就成了代表英文at的符号。

@用于电子邮件中，始于就职于美国国防部的电脑工程师雷·汤姆林森。1971年，汤姆林森奉命寻找代表电子邮箱地址的表现格式。在用户名与信箱域名之间用一个什么符号连接呢？汤姆林森立马就选中了@这个特殊的字符。@ 即at，“用户名at网站信箱域名”代表“在某网络信箱中的某用户”，正好表明了用户名与信箱域名之间的关系。另外，在电子信箱地址中，用户名一般会用人名表示，而@绝对不会在人名中出现，可以清楚地标示用户名与信箱域名的区别，并且书写简短、便捷。依照这一格式，汤姆林森为自己创造了一个世界上最早的电子信箱tomlinson@bbntenxa。

@既然代表at，其读法就应该与at（爱特）保持一致。也有人根据@的外形称呼。英文中称其为“a-tail”（带尾巴的a）、“monkey tail”（猴尾巴）；中国大陆称其为“圈a”“花a”或“小老鼠”，台湾称其为“小老鼠”。

“折中”与“折衷”推荐哪个？

问：平时审读书稿，经常会碰到“折中”与“折衷”。请问哪一个是规范词形？

——湖南湘潭　赵义军

答：把不同的意见调和起来，使适中，这个意思在汉语里叫zhézhōng。写成汉字，历来有两种写法，即“折中”与“折衷”。这两个词形是全等异形词。从理据上来看，“折中”为优，因为正如宋代朱熹所言：“折中，谓事理有不同者，执其两端而折其中。”而“衷”字，本谓贴身的内衣，引申指中心、内心。2002年开始试行的《第一批异形词整理表》，推荐的规范词形也是“折中”。

信封上的“启”字前用什么字？

问：信封上收信人之后为何不能写“敬启”？要表示对收信人的礼貌之意，“启”字前头该用什么字呢？

——福建福州　李一眉

答：按汉语的习惯，“敬启”的“敬”字只能修饰后面的“启”字，字面意思就是让收信人恭恭敬敬地开启信件。这显然是一个不礼貌的用语，也与写信人的初衷相背离。所以在收信人之后，不能用“敬启”。

对不同的收信人，可以在“启”字之前加上不同的字眼，以示礼貌。比如，对于父母或其他亲戚长辈（包括老师），可用“安启”；对于其他尊长尤其是有较高官职的人，如政府高官、军队首长等，一般可用“钧启”“勋启”；对比较尊敬的平辈和朋友，可用“大启”“台启”“惠启”；对晚辈可用“手启”。另外，给年轻的女性写信，还可用

“芳启”。如果是表示吊唁的信,则可用“礼启”或“素启”。当然,这里只是举例性质的,谨供参考。

“此致”是何义?

问:我是在某大学读大一的学生,想请教一个问题,写信时人们常在末尾写上“此致”两字。这是什么意思?

——广西　江宁

答:“此致”是传统书信的一个固定用语。书写位置有两种情况:或者紧接书信正文之后,不另起段,其后不加标点;或者在正文之下另起一段,空两格书写,其后不加标点。有时“此致”之下再另起一段,顶格书写“敬礼”两字(其后一般用感叹号)。“敬礼”下方靠右位置,署上写信人名字,写信人名字正下方,署上写信日期。“敬礼”也可不写,直接在“此致”下方靠右位置,署上写信人名字,写信人名字正下方,署上写信日期。

由于“此致”后没有标点符号,如果其下一行顶格有“敬礼”一词且有感叹号,很容易把它们连起来读,误以为是一个句子的分行书写,从而把“敬礼”当成“此致”的宾语。这种理解是不正确的。“此致”和“敬礼”没有语法、语义上的关联。

其实,“此致”是书信正文的结束语。“此”指前面所写的内容,“致”即给予、呈献,与“致电”“致函”等词的“致”同义;“此致”

的意思就是，前面所写的就是给予您（你）或呈献给您（你）的全部内容。类似格式也常出现在其他应用文体中。比如：命令正文结束后常有“此令”二字，意思是前面所写就是命令的全部内容；批复正文结束后常有“此复”二字，意思是前面所写就是批复的全部内容；通知正文结束后，有时也写上“此通知”，意思是前面所写就是通知的全部内容；等等。

“敬礼”是向对方表示敬意的客套话，顶格书写是表示对收信人的尊重。

“年”与“年度”一样吗?

问：在“关于调整2009年新农合补偿政策的通知”中，“2009年”是否应该是“2009年度”？

——甘肃民勤　邸士智

答：此处的“2009年”后面不用加“度”字。“年”与“年度”都表示12个月的时间长度，但性质不一样。

“年”是一种法定计时单位，1年12个月。而“年度”不是法定计时单位，是一个统计性质的单位，指按照业务性质和实际需要而规定的有一定起讫日期的12个月，如“会计年度”“年度预算”等。在时间上，“年度”有时与“年”重合，有时有差异。比如，我国学校一般规定从一年的8月开始到次年的7月结束，为一个教学年度，年度就是跨年的。“调整2009年新农合补偿政策”中的“2009年”，表述很明确，不要改动。

“零点15分”要改成“0点15分”吗？

问：我长期给一家杂志做审读，上一期杂志中的一篇文章中出现了“零点15分”的说法，我认为应该改成“0点15分”，但为何要这样改的道理讲不清楚。究竟要不要改，原因在哪？

——辽宁朝阳　汪元

答：这个问题看似简单，其实比较复杂，还得慢慢说起。

点（也说“时”）和分，是常用记时单位，人们几乎每天都用到。按照《出版物上数字用法》规定，表示时间既可用阿拉伯数字也可用汉字数字。遵循“同类别同形式”的原则选择相应的形式。点与分显然“同类别”，要么都用阿拉伯数字，要么都用汉字数字。用阿拉伯数字表示，无疑应写作“0点15分”。

如果用汉字数字，如何表示呢？“15”的汉字数字是“十五”，所以“15分”应写作“十五分”。问题是，阿拉伯数字0对应两个汉字数字“零”和“〇”，“0点”到底写作“零点”还是“〇点”呢？

《出版物上数字用法》规定，“零”用作计量，“〇”用作编号。如“3052名军人”中的“3052”是计量，用汉字书写为“三千零五十二”而非“三千〇五十二”；“605班”中的“605”是编号，用汉字书写为“六〇五”而非“六零五”。那么，表示时间的数字是计量还是编号呢？是编号，即为每一个时间点编一个数字代号。所以，表示时间时，“0”的汉字形式是“〇”而非“零”。如“公元2012年”中的“2012”的汉字形式为“二〇一二”而非“二零一二”。同理，用汉字书写，“0点”应写作“〇点”。

那么，“零点”是不是一定错了呢？答案是否定的。因为，在汉语中，“零点”与“二点”“三点”“五点”“十一点”等不一样，已经定型为一个词语。《汉语大词典》中就收有“零点”一词，举有魏巍《东方》第五部第九章中的用例：“今天晚上，我们准备午夜零点准时出发。”《现代汉语词典》及《现代汉语规范词典》等，均收有“零点”一词。由于“点”与“时”同义，作为一个词语，“零点”也可作“零时”。《现代汉语词典》及《现代汉语规范词典》中，也收有“零时”这个词形。

因此，用汉字数字书写，“0点15分”既可以写作“〇点十五分”也可以写作“零点十五分”，而以后者居多（词形优先）。由于“零点”是一个词，所以“零点15分”也没错，不必改成“0点15分”。

“90后”？“九〇后”？

问：现在“×后”说法很时髦。“后”字前面的数字到底用阿拉伯数字还是汉字，比如是“90后”还是“九〇后”？

——上海市福州路　李欣

答: 推荐使用“九〇后”。

汉语中这种说法大概始于上世纪末，当时有人开始用“八〇后”指开始走向社会的上世纪八十年代出生的一代人。这一代人是改革开放后在繁荣富足的社会环境中出生、成长的一代，也是国家执行计划生育政策后出生的一代。与前几代人相比，他们个性独特，具有鲜明的时代烙印。人们便用“八〇后”指这一代人。向前推，上世纪七十年代、六十年代、五十年代出生的人，便被称“七〇后”“六〇后”“五〇后”；向后推，上世纪九十年代出生的人就是“九〇后”；等等。

这类表述的“词形化”特征很明显，特别是“后”是当词缀用的，其前面的数字作为构词语素的特征显著。按照汉语构词规则，构词语素用汉字比较妥当。道理跟“三叶虫”“八国联军”“四书五经”“五讲四美”等等中的数字当用汉字一样。

2011年11月1日正式实施的《出版物上数字用法》中规定，“现代社会生活中出现的事物、现象、事件，其名称的书写形式中包含阿拉伯数字，已经广泛使用而稳定下来，应采用阿拉伯数字”，如“3G手机”“MP3播放器”“97号汽油”等等。这些例子中的数字确实很少有人写成汉字，无疑“已经广泛使用而稳定下来”了，根据约定俗成原则，“应采用阿拉伯数字”。不过，“八〇后”“九〇后”等等说法，应该不属这种情况，其中的数字既有人用汉字也有人用阿拉伯数字，并且比例大致相当，看来还没有“稳定下来”。在这种情况下，我们认为用汉字比较好。

“合适”与“适合”的区别是什么?

问:某文章中有一句话说“这种打扮很合适他的身份……”,一位同事说“合适”要改成“适合”。一定要改吗,为什么?

——四川成都　杜兰君

答:建议改。

“适合”和“合适”确实经常混用,甚至有一部分人认为二者是意思、用法完全相同的异形词。不过,主流看法是把二者视为两个词,词典也大都分列出条。合适,《现代汉语词典》释为“形容词,符合实际情况或客观要求”,如“这双鞋你穿着正合适”“这个字用在这里不合适”;适合,《现代汉语词典》释为“动词,符合(实际情况或客观要求)”,如“过去的经验未必适合当前的情况”。《现代汉语规范词典》的释义与此类似。从《汉语大词典》所举书证看,在典范文献中,也一直把二者当两个词看待,一为形容词,一为动词。

“适合”与“合适”的构词语素一样,都是“适”和“合”,不同之处仅在词序上。为什么不同的词序造成了不一样的词性呢?有学者讨论过这个问题,简介如下:

“适”本义是“去、往”,动词,引申指“归从、顺从”等,进一步引申指“正好、得当”,作形容词用。“合”本义是“闭合、合拢”,动词,引申指“聚合、结合”等,进一步引申指“符合”。

作为构词元素,“适”是形容词语素,表示“正好、得当”,“合”是动词性语素,表示“符合”。“适合”的构词结构为:形+动,偏正式。根据合成词的构词原则,“形+动”构成的偏正式合成词一般是动词,如“粉碎”。所以,“适合”是动词。“合适”的构词结构为:动+形,动补式。按照合成词的构词原则,“动+形”构成的动补式合成词,既可以是动词(如“改善”),也可以是形容词(如“吃紧”)。而“合适”属后者,是形容词。

“发表致辞”对吗?

问:我是中国社科院的一名文字工作者,是贵刊的忠实读者。想请教:媒体上常出现“发表致辞”说法,这样说对吗?

——北京 孙士明

答:这种说法不必指责。

许多人不同意“发表致辞”的说法,甚至还有人写文章进行批评。主要有两点理由:第一,“致辞”的意思是在集会或仪式上发表关于祝贺、感谢、欢迎、哀悼等简短讲话,其中的“致”就是“发表”“表达”的意思。“发表致辞”中“发表”与“致”语义累赘重复。第二,“致辞”是动词,不能作“发表”的宾语,“发表致辞”在语法上不合格。

其实,这两个理由都值得商榷。

语言运用中的这类“重复”是普遍存在的。比如“作文”的“作”本来就是“撰写”“写作”的意思,而“做作文”“写作文”大家都说得很顺溜，从而有人认为语义上“重复累赘”。再如“建议”的“建”本来是“提出”的意思，而谁会认为“提出建议”语义上有“重复”呢？有语言学者认为这是语言运用中的“羡余”现象，普遍存在在人类语言中，比如日语、英语、法语等。还有学者认为，这属“语用修辞”，当下不是有句很时髦的话“重要的话说三遍”吗？“合理重复”是一种表达需要。

“致辞”也未必不能当名词用。在“发表致辞”的说法中，“致辞”前有时候带有数量词，比如“某某领导将在某某开幕式上发表一个致辞”“某某报纸上刊登了某某领导的一篇致辞”，可见“致辞”是当名词用的。还有，这种用法的“致辞”还可以作介词的宾语，如“在致辞中某某领导强调……”能作介词宾语，显然是名词。其实，动词当成名词用在语言运用中十分普遍，如“调查”“报告”“研究”“学习”等等，都既可作动词也可作名词用。因此，“致辞”完全可以当名词用，作“发表”的宾语毫无问题。

可见，无论从语义还是从语法角度看，“发表致辞”的说法都没有问题。与此类似、常引起争论的还有“提出质疑”，《咬文嚼字》在2004年第3期《百家会诊》栏目中做过深入探讨，结论支持了这种用法，在此不赘，有兴趣的朋友可查阅。

“令人堪忧”错在何处？

问：我是一家杂志社的编辑，正在编发的一篇文章中有句话说

“失业率居高不下令人堪忧”，“令人堪忧”的说法对吗?

——北京　安荟霖

答: 这种说法有语病。

这个问题其实《咬文嚼字》谈过多次, 但还是常有人打“热线”询问, 看来这是语文运用中的一个“顽疾”，“久治不愈”。误用的原因, 可能是没有准确理解“堪”字的用法。

“堪”本指地面突起处。《说文·土部》:“堪, 地突也。”段玉裁注:“地之突出者曰堪。”引申指经得住, 如“苦难不堪”即指遭受的困苦灾难到了经受不住的程度,“不堪重负”即忍受不了深重的负担。进一步引申指能够, 如“堪当重任”即指能力很强能够承担重大任务,“苦不堪言”即苦得不能够用言语表达。还引申为值得, 如“堪称英雄”即指值得称为英雄人物,“不堪造就”即不值得栽培。

“堪忧”即“值得忧虑”, 其前面出现的是“忧”的对象。如“市场不景气, 经济形势堪忧”，“经济形势”是“忧”的对象;“肥胖比例逐年上升, 亚健康问题堪忧”，“亚健康问题”是“忧”的对象。

“令人堪忧”(让人值得忧虑)，“堪忧”前面出现的是“人”，“人”成为了“忧”的对象。这显然不是句子所要表达的意思。因为按照常规表达,“人”应该是“忧”的行为主体, 而非“忧”的行为对象。所以说,“令人堪忧”是个有语病的说法, 含有这种说法的句子, 行为“主体”和行为“对象”会被弄混。安荟霖所提到的句子“失业率居高不下令人堪忧”, 本来“忧”的主体是“人”，“忧”的对象是“失业率居高不下”, 而句子把“忧”的对象变成了“人”。

如把“堪忧”改成“担忧”就对了。“失业率居高不下令人担忧”,“忧”的对象是“失业率居高不下”,“人”是“忧”的主体。

如果删掉“令人”二字,把句子改成“失业率居高不下堪忧”,也庶几可通。

“书声朗朗”还是“书声琅琅”?

问:“书声朗朗”还是“书声琅琅”?

——上海　禾种

答:现代汉语中,倾向用“书声琅琅”。

朗,是形声字,从月,良声,本指明亮,如“明朗”“晴朗”“天朗气清”“豁然开朗”等。引申指声音清晰、洪亮。如“朗读”“朗诵”“朗声”“朗笑”等。

叠字连用,“朗朗”为形容词,也有相关两义:一指明亮、光线充足。如“朗朗乾坤”“秋月朗朗”等。一指声音清晰、洪亮。《汉语大词典》释义:“朗朗,形容声音清晰响亮。”可用于鼓声。如唐代韩愈《奉使常山早次太原呈副使吴郎中》诗:“朗朗闻街鼓,晨起似朝时。”可用于读书声。如《醒世恒言·马当神风送滕王阁》:“惟有王勃端坐船上,毫无惧色,朗朗读书。”等等。

琅,也是个形声字,从王(即玉),良声,本指琅玕,即形状像珠的美玉或美石。

叠字连用，“琅琅”是象声词，本指石玉相击的声音。如汉代司马相如《子虚赋》：“礧石相击，琅琅礚礚。”也引申形容珠玉以外其他声音的清晰、响亮。那么，在此义上“琅琅”跟“朗朗”的区别在哪呢？

古代佩玉之风盛行。玉是贵重之物，“琅琅”作为象声词，多含有“喜爱”的意思。如宋代苏舜钦《秀州通越门外》诗：“密树重萝覆水光，珍禽无数语琅琅。”诗句用“琅琅”描摹珍禽的鸣叫，“珍爱”之情溢于言表。古代重玉，玉被视作高洁的象征，因此，“琅琅”也用于“尊崇”的对象。如唐代韩愈《祭柳子厚文》：“嗟嗟子厚，今也则亡。临绝之音，一何琅琅。”文中“琅琅”用于柳宗元，“尊崇”之意十分明显。古人重视教育，甚至有“万般皆下品，唯有读书高”的观念，所以也用“琅琅”形容读书的清朗、响亮之声，以表示对读书的“尊崇”。如明代高启《送高二文学游钱塘》诗：“读书闭阁人罕识，明月夜照声琅琅。”也许随着玉在人们生活中的地位的降低，“琅琅”的这种用法逐渐在汉语中消失。

可见，在古代汉语中，“朗朗”和“琅琅”都可以用来形容或描摹声音的洪亮、清晰，用于“喜爱”“推崇”的对象时，多用“琅琅”。用于读书声时，“朗朗”和“琅琅”都可使用。

在现代汉语中，一般用“朗朗”形容声音清晰、洪亮，如“歌声朗朗”“笑语朗朗”“朗朗上口”等等。“琅琅”表示金石珠玉相击之声，如“玉音琅琅”“珠玉琅琅”“金玉琅琅”等等。除此之外，“琅琅”通常用于描摹响亮、清晰的读书声，如“书声琅琅”“琅琅书声”等。也许，这是人们潜意识里表达对读书声的喜爱、对教育的重视吧。

可以说“亲生父母”吗?

问: 经常在媒体上见到“亲生父母”,“父母”怎么能“生”? 这种说法到底对不对?

——上海　周华

答: 通过语义分析, 我们不难明白, 这种说法是没有问题的。

语法学上把动作的主体, 即发出动作或发生变化的人或事, 称为施事; 把动作的对象, 即受动作支配的人或事, 称为受事。如“领导检查工作”中的“领导”是施事,“工作”是受事。根据语言类型学, 施事+动词+受事是汉语中最基本的语序。

语言运用丰富多变, 在特定的语境中, 为了特定的需要, 施事+动词+受事的语序, 常处于变化之中。以“领导检查工作”为例:

如有人问: 领导检查的工作有问题吗? 答: 领导检查的工作没有问题。对话中,“领导检查工作”转化成“领导检查的工作”。为了表达的简洁,“领导”有时可省略, 对话变成——问: 检查的工作有问题吗? 答: 检查的工作没有问题。“检查工作”转换成“检查的工作”。

如有人问: 检查工作的领导是谁? 答: 检查工作的领导是王局长。对话中,“领导检查工作”转换成了“检查工作的领导”。为了简洁,“工作”有时可以省略, 对话变成——问: 检查的领导是谁? 答: 检查的领导是王局长。“领导检查”转化成“检查的领导”。

按传统语法分析,“检查的工作”和“检查的领导”都是定语+

中心语的“定中”关系。但语义关系明显不同，“检查的工作”是动词+受事，而“检查的领导”，是动词+施事。

我们再来分析“亲生子女”和“亲生父母”的语义结构。

正常语序是“父母亲生子女”，“亲生”可看作动词，“父母”是施事，“子女”是受事。跟上述例子同理，“亲生子女”和“亲生父母”都是由“父母亲生子女”转化而来的“定中”关系，但语义结构有明显区别。“亲生子女”是动词+受事，即(自己)亲生的子女，“子女”是动词“亲生”的受事。“亲生父母”是动词+施事，即亲生(自己)的父母，“父母”是“亲生”的施事。

汉语中，既有“亲生父母”的说法(如“亲生之母”)，也有“亲生子女”的说法(如“亲生女儿”)。《明成化说唱词话丛刊·仁宗认母传》:“既不是草头王，如何不知亲生之母。”“亲生之母”即生育自己的母亲。周而复《上海的早晨》第一部六:“秦妈妈待她就像亲生的女儿一样。”“亲生的女儿”即自己生育的女儿。

“亲生父母”“亲生子女”虽然在语法结构上都是定语+中心语，但在语义结构上有明显区别：前者是动词+施事，后者是动词+受事。认为“亲生父母”有问题的人，显然是把它的语义结构等同于“亲生子女”了，即把“父母”理解成“生”的受事了。

“嘉宾”可以自称吗？

问：常在电视节目中见到这样的说法：“我是一号嘉宾……”

“我是嘉宾某某……”这种说法对吗?

——甘肃　潘丽

答: 这是不妥当的。

嘉, 本指美, 善。《诗·豳风·东山》中有“其新孔嘉”一句, 郑玄注: “嘉, 善也。”引申指赞美, 褒奖。如“嘉许”即称赞、夸奖, “嘉奖”即表彰奖励或给予的表彰奖励。

嘉, 是一个敬词, 常用在相关的词语前面敬称他人的事物或行为。如过去常用“嘉什”“嘉藻”敬称他人的作品, 用“嘉命”“嘉谕”敬称他人的告语, 用“嘉诲”敬称他人给予的教诲, 用“嘉惠”敬称他人给予自己的恩惠, 等等。

嘉宾, 也是个敬词, 是对宾客的敬称。陈毅《陪巴西朋友访杭州·梅家坞即兴》诗: “嘉宾咸喜悦, 细看摘新茶。”“嘉宾”犹言贵客、尊贵的客人, 这个词不宜自称。就像不宜说“我是到你家的贵客”“我是你尊贵的客人”一样。